Christoph Dröge

Die wichtigsten digitalen Tools

für Lehrer/-innen und Schulalltag

Organisation und Unterricht

Fächerübergreifende Einsatzmöglichkeiten von Apps und Webtools

Cornelsen

Autor:
Christoph Dröge unterrichtet Spanisch sowie Katholische Religionslehre an einem Gymnasium in NRW. Schon im Studium hat er einen besonderen Schwerpunkt auf die Digitalen Medien in Schule und Unterricht gelegt. Zudem ist er beim Cornelsen Verlag als Autor und Referent in diesem Themenfeld tätig.

Alle aufgeführten Systeme und Tools stellen nur Beispiele für die Unterrichtsgestaltung dar. Bitte stimmen Sie sich mit Ihrer Schulleitung dazu ab, welche Systeme oder Tools an Ihrer Schule im Rahmen der Unterrichtsgestaltung genutzt werden dürfen.

Redaktion: Katia Simon, Essen
Projektleitung: Dorothee Weylandt, Berlin
Umschlaggestaltung: Corinna Babylon/Jule Kienecker, Berlin
Illustrationen (Cover): Shutterstock.com/karfnoff
Layout und technische Umsetzung: krauß-verlagsservice, Ederheim/Hürnheim

www.cornelsen.de

1. Auflage 2021

Druck: H. Heenemann, Berlin

ISBN 978-3-589-16721-0

PEFC/04-31-1156

PEFC zertifiziert
Dieses Produkt stammt aus nachhaltig bewirtschafteten Wäldern und kontrollierten Quellen.

www.pefc.de

INHALTSVERZEICHNIS

EINLEITUNG

Der Begriff **Digitalisierung** prägt in den letzten Jahren zunehmend den Diskurs vieler gesellschaftlicher Bereiche, auch den der Bildung, und hält Einzug in schulische Vorgaben und Konzeptionen. Die Förderung und Forderung von Medienkompetenz der Schüler*innen wurde als eine gesamtschulische und damit überfachliche Aufgabe ausgewiesen und findet sich mittlerweile in Lehrplänen und Schulbüchern wieder. Demgegenüber stehen die – häufig noch optimierbare – technische Ausstattung vieler Schulen, die unterschiedlich stark ausgeprägten Kenntnisse der Lehrer*innen, die für die Umsetzung der Vorgaben verantwortlich sind, sowie die ebenso divergente Ausstattung der Lehrkräfte. Einerseits gibt es viele Lehrkräfte, die digitale Medien bereits in ihren eigenen Arbeitsalltag und den Unterricht integriert haben, und anderseits gibt es ebenso Lehrer*innen, die (noch) keinen Zugang dazu gefunden haben und entsprechend zurückhaltend agieren.
Dieses Buch möchte Sie dabei unterstützen, aus dem großen Angebot an digitalen Medien diejenigen auszuwählen, die für Sie und Ihren Unterricht eine Erleichterung und Unterstützung bedeuten können.
Im **ersten Kapitel** bekommen Sie Tipps in Bezug auf eine mögliche technische Ausstattung für sich selbst sowie für die Ausstattung von Schulen. Diese orientiert sich an der Auswahl der Apps und Webtools in diesem Buch, passt zu den hier vorgestellten Möglichkeiten und erweitert diese.
Im **zweiten Kapitel** werden verschiedene Apps und Webtools präsentiert, die Sie in Ihre berufliche Routine einbinden und damit die bisher analoge Prozesse und Gewohnheiten auf einen digitalen Weg umstellen können.
Im **dritten Kapitel** werden Apps und Webtools vorgestellt, die fächerübergreifend im schulischen Unterricht eingesetzt werden können. Alle aufgeführten Tools sind ausgewählte Vorschläge, die Sie als Impulse betrachten und beliebig erweitern und ausgestalten können. Alle Tools werden in einem identischen Aufbau steckbriefartig vorgestellt: mit Informationen über Einsatzmöglichkeiten, eventuelle Kosten und Varianten, eine erforderliche Registrierung, benötigte Technik usw.
Durch die Covid-19-Pandemie, die im März 2020 auch Deutschland mit Wucht erreichte, und die damit verbundenen Einschränkungen bzw. die Aufhebung des Präsenzunterrichts haben die Themenfelder **Distanzunterricht** und **der Einsatz digitaler Medien in unterrichtlichen Zusammenhängen** noch einmal (zwangsläufig) an Bedeutung gewonnen. Lehrer*innen, aber

auch Schüler*innen sahen sich mit neuen Formen des Lehrens und Lernens konfrontiert, und die Umsetzung war dabei sehr facettenreich. Im **dritten Kapitel** finden Sie deshalb auch eine gute Auswahl an digitalen Tools, die sich für das Lernen und Lehren auf Distanz sehr gut eignen.

Worin unterscheiden sich Apps und Webtools eigentlich?

Apps

Eine App (Abkürzung von engl. **application** = Anwendung) ist immer an ein Smartphone oder ein Tablet als Endgerät gebunden. Die Installation einer App erweitert den Funktionsumfang des Endgerätes und bietet jeweils besondere Funktionen. Manche Apps sind gratis, andere bedürfen einer einmaligen Zahlung oder setzen ein Abonnement voraus. Je nach Umfang funktionieren die Apps komplett offline – also auch ohne bestehende Internetverbindung. Es kann auch sein, dass grundlegende Funktionen ohne Internet möglich sind und nur bei bestimmten Aufgaben eine Internetverbindung nötig ist. Es gibt – vor allem für den Bildungsbereich – unzählige Apps, die mal mehr und mal weniger nützlich sind.

Webtools

Bei einem Webtool handelt es sich um ein Angebot eines Anbieters auf einer Website. Eine konstante Internetverbindung ist dabei die grundlegende Voraussetzung. In diesem Fall ist keine Installation nötig, da alle Inhalte auf einem Server abgelegt sind und Prozesse in Echtzeit dort abgewickelt werden.
Webtools sind mittlerweile in der Regel so konzipiert, dass sie sich dem Endgerät, das zum Aufruf genutzt wird, anpassen und die Darstellung auf einem großen Computer- oder Laptop-Bildschirm anders aussieht als auf dem vergleichsweise kleinen Bildschirm eines Smartphones (das sogenannte **responsive Webdesign**). Die vorhandenen Funktionen und Möglichkeiten unterscheiden sich jedoch nicht, sodass mit nahezu jedem Endgerät mit unterschiedlichen Betriebssystemen darauf zugegriffen werden kann. Die Wahl zwischen App und/oder Webtool entscheidet sich somit meist in Abhängigkeit der technischen Voraussetzungen.

Bitte beachten Sie!

Es ist möglich, dass sich die hier aufgeführten Angebote zukünftig hinsichtlich Funktionen, Verfügbarkeit und Kosten vom aktuellen Stand unterscheiden. Prüfen Sie daher auf den entsprechenden Webseiten der Anbieter die Voraussetzung und Bedingungen, ehe Sie sie verwenden. Auch sollten Sie einzelne digitale Medien zuvor (für sich) ausprobieren, ehe Sie diese im Unterricht einsetzen, sodass Sie etwaige Schwierigkeiten antizipieren können und Ihnen die Grundfunktionen geläufig sind. Sie können auch gemeinsam mit den Schüler*innen die digitalen Medien entdecken und sich gegenseitig dabei unterstützen und voneinander sowie miteinander lernen.

Beim Ausprobieren, bei der Umsetzung und dem digitalen Unterrichten mit Ihrer Schülerschaft wünsche ich Ihnen viel Neugier, Freude und Motivation.

Herzlichst

Christoph Dröge

ÜBERSICHT ÜBER ALLE VORGESTELLTEN TOOLS

Name	Art	Lehrkraft/ Unterricht	Kosten?	Registrierung notwendig?	Für Distanzunterricht geeignet?
Adobe Spark Video	App/Webtool	**U**	nein	ja	nein
Book Creator	App/Webtool	**U**	je nach Variante	nein	nein
Canva	App/Webtool	**U**	nein	ja	ja
Classroom-screen	Webtool	**U**	nein	je nach Variante	ja
Decide Now!	App	**U**	ja	nein	nein
Edpuzzle	Webtool	**U**	je nach Variante	ja	ja
Etherpads	Webtool	**U**	nein	nein	ja
GoodNotes	App	**L**	ja	nein	nein
Google Kalender	App/Webtool	**L**	nein	ja	nein
Microsoft To-Do	App/Webtool	**L**	nein	ja	nein
Mysimple-show	Webtool	**U**	nein	ja	ja
Oncoo	Webtool	**U**	nein	nein	nein
Padlet	App/Webtool	**U**	je nach Variante	ja	ja
Plickers	App/Webtool	**U**	je nach Variante	ja	nein
QR-Codes	Webtool	**L**	nein	nein	ja
Scanner Pro	App	**L**	ja	nein	nein
TeacherTool	App	**L**	ja	nein	nein
URL-Shortener	Webtool	**L**	nein	nein	ja
Zoom	App/Webtool	**U**	ja	je nach Variante	ja

1 EMPFEHLUNGEN ZU TECHNIK UND AUSSTATTUNG

Die in diesem Buch vorgestellten Apps und Webtools sind – wie alle digitalen Angebote – immer auf Technik angewiesen. Die Entscheidung für die persönliche technische Ausstattung ist angesichts des breiten Angebots oft schwierig. Aus diesem Grund folgen nun einige Empfehlungen für eine technische Ausstattung für Lehrkräfte sowie für den Unterricht mit digitalen Medien, die sich im Schulalltag bewährt hat.

Empfehlungen zur technischen Ausstattung für die Lehrkraft:

- **Tablet** – z. B. ein iPad von Apple
  Das normale iPad gilt hierbei als Einsteigermodell, während das iPad Air oder das iPad Pro über eine bessere Leistung verfügen. Auch Tablets mit anderen Betriebssystemen wie Android finden Sie in großer Auswahl je nach eigenen Bedürfnissen.
  Bei einem Tablet ist vor allem die Speichergröße wichtig, da Apps und weitere Dateien, wie Fotos oder Videos, schnell eine gewisse Datenmenge bedeuten. 32 GB Speicherplatz gelten somit als Minium, besser sind 64 GB oder sogar 128 GB. Ob es ein günstigeres Einsteigermodell oder ein hochpreisiges sein soll, hängt von Ihren Bedürfnissen und Ambitionen ab. Vergleichen Sie infrage kommende Modelle hinsichtlich der technischen Ausstattung oder fragen Sie Kolleg*innen, die bereits mit einem Tablet in der Schule arbeiten. iPads haben sich durch ihre Qualität und durch die zahlreichen Erweiterungsmöglichkeiten sowie durch eine hohe Zuverlässigkeit für den Schulbetrieb bewährt. Außerdem gibt es dafür zahlreiche (teilweise exklusive) Apps, die für Schule und Unterricht gut geeignet sind. Tablets mit einem anderen Betriebssystem (beispielsweise Android) sind hingegen weniger restriktiv im Aufbau des Systems und erlauben mehr Einstellungsmöglichkeiten zur Individualisierung.
- **Stylus** – z. B. der Apple Pencil (der ersten oder der zweiten Generation je nach gewähltem iPad) oder Stifte von anderen Anbietern, die mit dem jeweiligen Betriebssystem kompatibel sind
  Dieser ist wichtig, wenn Sie handschriftlich auf dem Tablet arbeiten möchten. Ein Stylus mit eingebautem Akku ist im Vergleich zu Touchpens mit Gummikappe (diese gibt es manchmal als Werbegeschenke) dringend

vorzuziehen, da er über wichtige Funktionen, wie eine Handballenerkennung, Erkennung des Anpressdrucks der Mine oder eine Neigungswinkelerkennung, verfügt. So können Sie Dokumente – etwa Arbeitsblätter oder Klassenarbeiten bzw. Klausuren zur gemeinsamen Korrektur – auf dem Tablet ausfüllen, in Bilder hineinschreiben oder -zeichnen u.v.m.

Empfehlungen zur technischen Ausstattung im Klassenraum und mögliche Erweiterungen für die eigene Ausstattung:

- **Beamer**
  Ein Beamer hat den Vorteil, dass er viele Anschlüsse für verschiedene Geräte hat und dass er – abhängig von der Fläche, auf die er strahlt – ein großes Bild projizieren kann, sodass auch die Schüler*innen aus den hinteren Reihen alles gut erkennen können. Bei einem Beamer sind die Auflösung sowie die Helligkeit wichtige Kriterien. So sollte er auch bei einem tageslichtdurchflutetem Klassenraum ein deutliches Bild anzeigen können.

- **Adapter zur Übertragung von Bild und Ton** – z.B. Apple TV, Chromecast bzw. der Fire-TV-Stick
  Sie können ein Tablet mit einem geeigneten Adapter (z.B. Anschluss des Tablets zu HDMI) mit einem Beamer oder Fernseher im Klassenraum verbinden. Deutlich komfortabler ist eine drahtlose Ausführung, bei der das Bild des Tablets oder des Smartphones via Bluetooth oder bestehender WLAN-Verbindung gespiegelt wird. Dadurch ist es Ihnen möglich, sich frei im Raum zu bewegen, sodass Sie den Schüler*innen nicht den Rücken zukehren müssen und das Gerät auch an Schüler*innen weiterreichen können. Mit dieser Kombination werden auch die (weiterhin existierenden) Overhead-Projektoren samt Folien obsolet. Sie können alle Materialien auf dem Tablet speichern und dort direkt ausfüllen oder Sie nutzen entsprechende Apps (z.B. GoodNotes; siehe Kapitel 1.7, S. 26), um eine Tafel zu simulieren und diese mit Text und/oder Bildern zu gestalten. Ein iPad kann mit einem Apple TV über ein eingebautes Übertragungsprotokoll (AirPlay) drahtlos kommunizieren. Andere Tablets nutzen dafür entsprechende Protokolle (Chromecast oder Fire-TV-Stick). Für die Übertragung von Videomaterial sollten sich beide Geräte in einem gemeinsamen WLAN befinden, da die Übertragungsrate sonst zu groß sein kann für den Bluetooth-Adapter und Videos stocken könnten.

- **Speichererweiterung durch USB-Sticks oder WLAN-Festplatten**
  Sollte der Speicher auf Ihrem Tablet einmal nicht reichen oder haben Sie weitere Materialien, die Sie nicht auf dem Gerät selbst speichern (möchten), können Sie auf technische Erweiterungen zurückgreifen. WLAN-Festplatten, die ein eigenes WLAN-Netzwerk aufspannen und dann mit dem Gerät kommunizieren, sind eine Möglichkeit. Alternativ gibt es beispielsweise USB-Sticks mit zwei verschiedenen Anschlüssen auf beiden Seiten – etwa einem herkömmlichen USB-Anschluss auf der einen, und einem Anschluss für das jeweilige Tablet auf der anderen Seite. So können Sie Materialien am heimischen (Windows-)Computer auf den USB-Stick aufspielen und diese dann im Klassenzimmer mittels Anschluss an das Tablet benutzen.

- **Bluetooth-Box**
  Der Sound der eingebauten Lautsprecher eines Tablets oder eines Smartphones mag für den heimischen Gebrauch ausreichend sein, für einen voll besetzten, großen Klassenraum kann dies mitunter zu akustischen Problemen führen. Hier kann eine Bluetooth-Box Abhilfe schaffen. Sie verbinden sie drahtlos mit ihrem Endgerät und können den Sound darüber abspielen lassen. Seit ein paar Jahren wächst das Angebot ständig, sodass Sie hier aus einer Vielfalt auswählen können. Schon vergleichsweise günstige Bluetooth-Boxen haben einen anständigen Sound. Die Nutzung ist auch bei der Verwendung eines Beamers in der Regel den dort eingebauten Lautsprechern vorzuziehen.

- **Mobiler Access-Point für ein temporäres WLAN**
  Sollte Ihre Schule noch nicht über ein flächendeckendes WLAN verfügen, besteht die Möglichkeit mit bereits vorhandenen LAN-Buchsen (auch: Ethernet-Buchsen) ein temporäres WLAN aufzuspannen. Dafür müssen Sie lediglich einen Access-Point mit einem passenden LAN-Kabel mit der Buchse verbinden und mit Strom versorgen. Dann haben Sie WLAN in dem Bereich. Je nach Sicherheitsvorkehrungen im schulischen Netzwerk müssen Sie diesen gegebenenfalls noch vom zuständigen Administrator einbinden lassen.

Die hier genannten technischen Empfehlungen für den Klassenraum sind je nach Schule und deren Budget vielleicht nur punktuell anschaffbar. Überlegen Sie sich, ob Sie sich eventuell privat etwas anschaffen wollen. So können Sie sicher sein, dass die Ausstattung immer vorhanden ist und dass sie funktioniert. Es ist sehr ärgerlich, wenn man eine Unterrichtsstunde mit digitalen Medien geplant hat und diese dann nicht so stattfinden kann, da beim schulischen Beamer ein Kabel fehlt, etwas defekt ist oder der Raum, der technisch entsprechend ausgerüstet ist, schon von einer anderen Kollegin bzw. einem anderen Kollegen belegt ist.

2 DIGITALE TOOLS FÜR DIE LEHRKRAFT

Die in diesem Kapitel vorgestellten digitalen Medien sind vor allem für Sie als Lehrkraft gedacht. Sie können diese in Ihren Berufsalltag integrieren und somit Organisatorisches rund um Ihre Tätigkeit erledigen und die Unterrichtsvorbereitung digital gestalten, sodass Sie immer alle Planungen, Materialien, Notizen und ggf. Ergebnisse aus dem Unterricht griffbereit haben. Prüfen Sie, was davon für Ihre berufliche Routine infrage kommt und probieren Sie die Angebote einfach aus. Die Reihenfolge richtet sich aufsteigend nach dem Grad der Komplexität.

2.1 Internetadressen verkürzen mit URL-Shortener

Art
Webtool
Kosten/Varianten
Kostenlos
Registrierung notwendig?
Nein
Benötigte Technik/Materialien
Computer, Tablet oder Smartphone (ein Gerät für die Lehrkraft)
Internetverbindung notwendig?
Ja
Einsatzmöglichkeiten
(Sehr) lange Internetadressen auf eine überschaubare Länge verkürzen, um sie Schüler*innen auf verschiedenen Wegen (Tafel, Whiteboard, Arbeitsblatt o. Ä.) kompakt bereitzustellen
Verwendungshinweise
Es gibt zahlreiche Anbieter, die diesen Dienst anbieten und sich per Suchmaschine leicht finden lassen, wenn Sie nach dem Begriffspaar „URL Shortener“ suchen. Je nachdem welchen Sie wählen, können Sie die Endung der verkürzten URL selbst aussuchen. Manche Anbieter generieren eine eigene Endung, die zufällig entsteht.

Um eine lange Internetadresse zu kürzen, suchen Sie die Webseite des gewählten Anbieters auf und kopieren dort in ein Feld die zu verkürzende Internetadresse hinein. Nachdem Sie ggf. noch eine Endung ausgewählt haben, drücken Sie auf die entsprechende Schaltfläche (z. B. **generieren**) und bekommen unmittelbar den gekürzten Link, den Sie dann kopieren und benutzen können.

Vorbereitung

Halten Sie die Internetadresse der Zielwebseite bzw. der Zieldatei (Bild, Download o. Ä.) bereit, sodass Sie diese gleich in das entsprechende Feld hineinkopieren können.

Beschreibung

Stellen Sie sich folgende Situation vor, die so immer mal wieder vorkommt:

*Sie müssen eine erkrankte Kollegin bzw. einen erkrankten Kollegen (spontan) vertreten. Sie holen die Vertretungsaufgaben ab und sehen, dass sie mit der Lerngruppe in einen Computerraum gehen sollen, der glücklicherweise schon reserviert wurde. Dort angekommen fahren die Schüler*innen die Computer hoch und es vergeht schon einige Zeit, ehe Sie ihnen die vorgesehenen Aufgaben mitteilen können. Die Kollegin bzw. der Kollege hat vorgesehen, dass die Schüler*innen sich mit einer oder mehreren Webseiten beschäftigen sollen und hat Ihnen die entsprechende(n) Internetadresse(n) aufgeschrieben mit der Bitte, dass Sie diese an die Schüler*innen weiterleiten. Sie schauen auf den Zettel und sehen eine sehr lange, komplexe Internetadresse und Sie beginnen, diese anzuschreiben. Einerseits kann alleine dieser Schritt sehr lange dauern und andererseits können sich Fehler beim Anschreiben oder beim Abtippen durch die Schüler*innen ergeben, da nicht immer direkt erkennbar ist, ob es beispielsweise der Buchstabe o oder die Ziffer 0 bzw. ein großes i oder ein kleines L ist. Mitunter kann dieser Prozess so viel Zeit in Anspruch nehmen, dass für die Erarbeitungsphase kaum mehr ausreichend Zeit übrig bleibt.*

Mithilfe eines URL-Shorteners sparen Sie wertvolle Zeit, da die verkürzte Internetadresse auf wenige Zeichen beschränkt ist.
Typischerweise besteht der neue Link immer aus einem identischen Format: http://anbieter.xy/Endung

TIPPS Damit erkennbar ist, was sich hinter dem Link verbirgt, können Sie den Anbieter sowie eine kurze Beschreibung verfassen und anschließend den verkürzten Link ergänzen. Hierfür reicht es, wenn beispielsweise der Hinweis Erklärvideo, Infografik, Sachtext o. Ä. als Art des Materials erkennbar ist, sodass vor allem bei mehreren Links deutlich wird, was sich hinter dem jeweiligen verbirgt.

ÄHNLICHE TOOLS QR-Code zum Scannen als Alternative zum verkürzter Link (siehe Kapitel 2.2, S. 14)

2.2 Informationen (de-)chiffrieren oder Internetadressen verkürzen mit QR-Codes

Art

Webtool (QR-Codes erstellen), App (QR-Codes lesen)

Kosten/Varianten

Kostenlos

Registrierung notwendig?

Nein

Benötigte Technik/Materialien

Computer, Tablet oder Smartphone (ein Gerät für die Lehrkraft für die Erstellung und jeweils ein Gerät pro Schüler*in für die Verwendung)

Internetverbindung notwendig?

Ja

Einsatzmöglichkeiten

QR-Codes (Grafiken, die typischerweise aus schwarzen Kästchen auf weißem Untergrund bestehen) öffnen, Informationen (de-)chiffrieren, und dadurch Links leicht zugänglich machen und (sehr) lange Internetadressen verkürzen

Verwendungshinweise

Um einen QR-Code zu scannen und dadurch zu öffnen, benötigen Sie ein Endgerät mit Kamera und Internetzugang – ein Smartphone oder ein Tablet. Handelt es sich hierbei um Apple-Produkte, dann reicht die zur Grundausstattung gehörende Kamera-App. Bei Endgeräten anderer Hersteller benötigen Sie eine spezielle App (QR Code Reader; in der Regel kostenlos) oder eine App, die diese Funktion beinhaltet (z. B. die bei Jugendlichen beliebte App **Snapchat**).
Richten Sie die aktivierte Kamera auf den Code, dann erscheint ein Hinweis, den Sie antippen, und es öffnet sich der Link, der sich hinter dem QR-Code verbirgt.

QR-Codes lassen sich für vielfältige Zwecke selbst generieren: einen Internetlink als QR-Code darstellen und somit verkürzen, Text chiffrieren, Daten übermitteln etc. Anbieter, mit denen Sie selbst QR-Codes erstellen können, lassen sich mittels Suchmaschine schnell finden. Vergleichen Sie die jeweils angebotenen Möglichkeiten und merken Sie sich Ihren Favoriten, da QR-Codes ein Tool für viele verschiedene Einsatzzwecke sind.

Vorbereitung

Den QR-Code, der geöffnet werden soll, griffbereit halten bzw. die Internetadresse der Zielwebseite bzw. der Zieldatei oder den Text (Bild, Download o. Ä.) bereithalten, die hinter dem QR-Code verborgen werden soll

Beschreibung

Das Vorgehen bei der Erstellung eines QR-Codes ist immer identisch: Sie kopieren etwas, z. B. einen Link, ein Bild oder einen Infotext, in ein Feld und bekommen anschließend den passenden QR-Code angezeigt, den Sie dann herunterladen oder per Copy-and-Paste weiterverwenden können um ihn etwa in ein Textdokument hineinzukopieren.
Im unterrichtlichen Kontext ergeben sich z. B. folgende Möglichkeiten:

- Anstelle eines (möglicherweise sehr langen) Links zu einer Webseite zeigen Sie Ihren Schüler*innen einen QR-Code, der sie zu einer Webseite führt, oder drucken diesen auf ein Arbeitsblatt.

→ Binnendifferenzierungsmöglichkeiten:
  - Sie geben Hilfsangebote für Schüler*innen, die ihnen bei der Bewältigung von Aufgaben helfen können und die sie bei Bedarf hinzuziehen können.
  - Es sind weiterführende Informationen oder Impulse für schnelle Schüler*innen hinterlegbar, die sie sich anschauen können, wenn sie mit den Aufgaben bereits fertig sind.
  - Sie verlinken ein Erklärvideo, einen Podcast oder andere audiovisuelle Medien mittels QR-Code auf einem Arbeitsblatt, um den verschiedenen Lernertypen gerecht zu werden, und der zielidentisch benutzt werden kann, anstelle eines Textes o. Ä. (evtl. ebenfalls als Differenzierungsmöglichkeit; siehe oben)

- Auch Zugänge zu interaktiven Übungen, die zum Thema passen, lassen sich leicht auf einem Arbeitsblatt ergänzen, und können von den Schüler*innen beispielsweise als Hausaufgabe oder zur freiwilligen Vertiefung bearbeitet werden.
- Wenn Sie Text mittels QR-Code chiffrieren, können Sie z. B. Tipps verstecken oder Lösungen eintragen, die von den Schüler*innen zur Selbstkontrolle verglichen werden können.

TIPPS

- Je nach gewähltem Anbieter können eigene Logos in einen eigenen QR-Code eingefügt oder die Farbkonstellation eingestellt werden.
- Wenn Sie reinen Text hinter einem QR-Code verstecken, kann dieser auch ohne Internetverbindung ausgelesen werden. Diese ist nur nötig, wenn sich ein Internetlink oder eine andere Quelle im Internet dahinter verbirgt.

ÄHNLICHE TOOLS

Für verkürzte Links: URL-Shortener (siehe Kapitel 2.1, S. 12), QR-Code-Apps zur Erstellung und Verwendung der Codes

2.3 Termine koordinieren mit Google Kalender

Art

App, Webtool

Kosten/Varianten

Kostenlos

Registrierung notwendig?

Ja, ein Google-Konto ist notwendig

Benötigte Technik/Materialien

Tablet, Smartphone oder Computer (ein Gerät für die Lehrkraft)

Internetverbindung notwendig?

Nur zur Synchronisation

Einsatzmöglichkeiten

Digitaler Kalender, um Termine und Fristen flexibel zu verwalten – Klassenarbeiten und mündliche Prüfungen, Elternsprechtage, Besuche bei Schüler*innen im Praktikum, Konferenzen, das Schulfest, Fristen zur Abgabe von Dokumenten und Mitteilung von Noten, Elternabende, Klassenfahrten und viele weitere – jedes Schuljahr ist geprägt von etlichen Terminen und Fristen, die es als Lehrkraft zu koordinieren gilt.
Man kann dabei schnell den Überblick verlieren und sollte daher geeignete Wege finden, für sich eine komfortable Übersicht zu wahren.
Als Alternative zum klassischen Lehrer*innenkalender in Papierform ist der Google Kalender eine praktische digitale Variante mit vielen Vorteilen.

Verwendungshinweise

Der Mehrwert liegt vor allem in der größeren Flexibilität sowie im Funktionsumfang. So können Einträge schnell mit Zeitfenstern und Orten versehen – auch als regelmäßige Termine – oder über Zeiträume eingetragen werden. Es können Notizen oder Dateianhänge angefügt werden. Durch die Verzahnung von verschiedenen Apps auf dem Smartphone oder Tablet ist es darüber hinaus beispielsweise möglich, sich durch Hinterlegung eines Ortes (etwa bei einem außerschulischen Termin, z. B. Besuch einer Schülerin oder eines Schülers am Praktikumsplatz) durch

Tippen darauf direkt von der Navigationsapp dort hinführen zu lassen. Dateianhänge können Sie etwa dafür nutzen, die Einladung zur Lehrer*innen- oder Fachkonferenz direkt bei dem Termin zu ergänzen, sodass alle Informationen an einem Ort vereint sind. Erinnerungen als Push-Mitteilung auf dem Smartphone oder das Tablet sind möglich.
Ein weiterer Vorteil ist die Synchronisation über alle Endgeräte hinweg: Tragen Sie beispielsweise unterwegs auf dem Smartphone einen neuen Termin ein oder ändern Sie einen bestehenden, dann wird dies auch auf dem Tablet oder für den Zugang via Computer angepasst.
Ein ganzer Kalender oder einzelne farbig gekennzeichnete Kategorien lassen sich zudem mit der Familie, mit Freund*innen oder Kolleg*innen teilen, sodass beispielsweise Termine, die Ihre Fachschaft betreffen, mit den jeweiligen Kolleg*innen abgeglichen werden können.

Vorbereitung

Anlegen eines Kontos bei Google, Installation der App auf den gewünschten Endgeräten

Beschreibung

Sobald Sie die App bzw. das Webtool öffnen, können Sie über einen Button mit einem + direkt einen neuen Termin anlegen. Daraufhin öffnet sich eine Übersicht, in der Details, wie das Datum, die Uhrzeit bzw. ein Zeitraum, ein Ort sowie weitere Angaben, eingetragen werden können. Anschließend speichern Sie diesen ab und er erscheint in der Übersicht.
Nutzen Sie verschiedene Farben für unterschiedliche Terminarten. So können beispielsweise Prüfungen in einer bestimmten Farbe eingetragen werden, Konferenzen in einer weiteren und sonstige schulische Termine wiederum in einer dritten. Wenn Sie auch private Termine mit der App koordinieren, dann sollten Sie auch hierfür eine eigene Farbe wählen. In der Wochen- oder Monatsübersicht bekommen Sie so schnell eine gute Übersicht.

TIPPS Wenn Sie bereits ein Konto beim Anbieter **Google** haben (für E-Mails oder für den Cloudspeicher), dann können Sie sich mit Ihren Zugangsdaten auch bei Google Kalender anmelden.

ÄHNLICHE TOOLS Die im Gerät bereits vorhandene Kalenderfunktion, Cali, Kalender von Readdle

2.4 Aufgabenlisten verwalten mit Microsoft To-Do

Art

App, Webtool

Kosten/Varianten

Kostenlos

Registrierung notwendig?

Ja, ein Microsoft-Konto ist notwendig

Benötigte Technik/Materialien

Tablet, Smartphone oder Computer (ein Gerät für die Lehrkraft)

Internetverbindung notwendig?

Nur zur Synchronisation

Einsatzmöglichkeiten

Listen mit zu erledigenden Aufgaben anlegen und verwalten, gemeinsame Arbeit an den Inhalten – mit Kollegin Schubert noch wegen der Klassenarbeit in ihrer Klasse den Termin abklären, den Noten-Stick im Sekretariat abgeben, das Gespräch mit Nina wegen ihrer Facharbeit … – allesamt übliche Termine aus dem Lehrer*innenalltag. Neben Terminen sind Fristen und Aufgaben etwas, das alle Lehrkräfte tagtäglich begleitet. Schnell verliert man die Übersicht und Notizzettel in der Hosentasche häufen sich.

Verwendungshinweise

Die digitale Alternative zu Klebezetteln für Notizen, Erinnerungen (z. B. an Fristen), Termine oder weitere ist diese App. Mit ihr lässt sich all das übersichtlich und strukturiert in Form von digitalen To-do-Listen verwalten und gemeinsam bearbeiten. Zahlreiche technische Ergänzungen bieten einen praktischen Mehrwert. Auch die unkomplizierte Bearbeitung, seien es Änderungen oder Ergänzungen, ist immer möglich.

Vorbereitung

Installation der App auf den gewünschten Endgeräten sowie Anlegen eines Kontos bei Microsoft zur Nutzung

Beschreibung

Wenn Sie die App bzw. das Webtool öffnen, gelangen Sie auf Ihre persönliche Übersicht. Dieser können Sie über Buttons neue Gruppen, Listen oder einzelne Aufgaben hinzufügen. Aufgaben können Sie mit weiteren Details versehen. Dazu gehören ein Fälligkeitsdatum, ein Erinnerungsfunktion, Zwischenschritte zur Erledigung dieser Aufgabe, die Möglichkeit eine Datei anzuhängen u. v. m.
Erledigte Aufgaben können digital abgehakt werden und verschwinden daraufhin. Sie können sich diese jedoch jederzeit weiterhin anschauen und bei Bedarf auch wieder aktivieren.
Zu einzelnen Aufgabenlisten können Sie Teilaufgaben hinzufügen sowie diese als „wichtig“ markieren.
Es gibt die Möglichkeit, sich via Push-Mitteilung über ein Smartphone oder Tablet erinnern zu lassen. Auch die Synchronisation über mehrere Endgeräte hinweg vereinfacht die Arbeit mit dieser App enorm. Zudem lassen sich To-do-Listen mit Kolleg*innen teilen, sodass Sie gemeinsam daran arbeiten können.
Wenn Sie einzelne Aufgabenlisten mit Kolleginnen und Kollegen teilen, ergeben sich vielfältige Möglichkeiten der Kooperation.
Als Beispiel sei die Organisation einer Klassenfahrt genannt. Hierbei fallen etliche Aufgaben an (z. B. die Kontaktaufnahme mit einem Reiseunternehmen, Buchung, Elterninformationen). So haben alle, die an der Organisation und Vorbereitung beteiligt sind, einen guten Überblick, was bereits erledigt wurde und was noch zu tun ist. Wenn jemand etwas abgehakt hat, dann wird das bei allen anderen Teilnehmer*innen dieser Liste direkt sichtbar.
Im Vergleich zu Gruppenchats bei Messenger-Apps wie WhatsApp oder Telegram behält man durch die Nutzung einer spezifisch dafür ausgelegten App wie Microsoft To-Do eine bessere Übersicht.

TIPPS Nutzen Sie die vorhandene Ordnerfunktion von Microsoft To-Do, um einzelne Listen nach eigenen Kriterien zu bündeln. So können Sie beispielsweise je Fach einen Ordner anlegen, dann für Ausflüge oder mehrtägige Schulfahrten, für allgemeine organisatorische Angelegenheiten etc.

ÄHNLICHE TOOLS Todoist, MinimaList, Planny, Any.do

2.5 Analoge Dokumente digitalisieren mit Scanner Pro

Art

App

Kosten/Varianten

Kostenlos: Grundversion; eingeschränkter Funktionsumfang
Kostenpflichtig: Abonnement-Modell; ohne Einschränkungen

Registrierung notwendig?

Nein

Benötigte Technik/Materialien

Tablet oder Smartphone mit eingebauter Kamera (ein Gerät für die Lehrkraft)

Internetverbindung notwendig?

Nein

Einsatzmöglichkeiten

Digitalisierung analoger Dokumente in Papierform – je nachdem wie Sie Ihr Material erstellen, sammeln oder sortieren, kann sich im Laufe der Jahre eine beträchtliche Anzahl an Papier in Ihrem Arbeitszimmer und in der Schule ansammeln. Mitteilungen, Einladungen zu Konferenzen oder sonstige Informationen in gedruckter Papierform sind vielerorts weiterhin üblich. Auch kommt es vor, dass man im Kollegium ein Arbeitsblatt als Kopie erhält, das zu einem späteren Zeitpunkt gut eingesetzt werden kann und aufbewahrt werden muss.
Diesen Alltagsszenarien gegenüber steht der Ansatz der **papierlosen Lehrer*innentasche**, der in Zeiten der fortschreitenden Digitalisierung der weiterhin existierenden Papierflut entgegenwirken möchte. Durch die Benutzung von Apps wie Scanner Pro kann man alle analogen Dokumente schnell in eine digitale Version umwandeln. Innerhalb des mobilen Endgeräts können diese auch zur Weiterbearbeitung genutzt oder archiviert werden und mithilfe eines digitalen Stiftes beschriftet werden (siehe Stylus, Kapitel 1, S. 8).

Verwendungshinweise
Mithilfe von Scanner Pro lassen sich analoge Dokumente digitalisieren – vergleichbar mit einem Scanner für den Computer. Im Vergleich geht es deutlich schneller und komfortabler. Dafür wird die eingebaute Kamera des Endgeräts genutzt und die digitalisierten Dokumente können innerhalb des Geräts gespeichert oder exportiert werden (eine PDF-Datei generieren, als E-Mail versenden, in einer anderen App weiterverwenden usw.).
Vorbereitung
Kauf und Installation der App

Beschreibung

Dokumente werden – je nach Lichtverhältnis und Untergrund – automatisch erkannt. Die Ränder werden durch die App automatisch gesetzt, und zum optimalen Zeitpunkt der Auslöser aktiviert. Dies unterscheidet die App von einem bloßen Foto. Wenn es sich um ein mehrseitiges Dokument handelt, können die einzelnen Seiten der Reihe nach ohne Unterbrechung gescannt werden und lassen sich anschließend gebündelt als ein Dokument speichern. Es kann auch die Qualität eingestellt werden, was sich wiederum auf die Dateigröße auswirkt.

TIPPS Achten Sie bei der Benutzung von Scanner Pro auf eine möglichst gute Beleuchtung, sodass keine Schatten auf das Dokument fallen. Bei Tageslicht werden die besten Ergebnisse erzielt. Auch ein einheitlicher Untergrund hilft für eine verbesserte Erkennung des eigentlichen Dokuments.

ÄHNLICHE TOOLS ScanPro, QuickScan, iScanner, Adobe Scan, CamScanner, EasyScanner, eine Dokumentenscanner-Funktion ist auch in GoodNotes enthalten (siehe Kapitel 2.7, S. 26).

2.6 Der digitale Lehrer*innenkalender mit TeacherTool

Art

App

Kosten/Varianten

Kostenpflichtig (verschiedene Versionen)

Registrierung notwendig?

Nein

Benötigte Technik/Materialien

Tablet (empfohlen aufgrund des größeren Displays) oder Smartphone; bei der Version „Complete“ ist auch die zusätzliche Verwendung eines Computers möglich (ein Gerät für die Lehrkraft).

Internetverbindung notwendig?

Nein

Einsatzmöglichkeiten

Digitaler Lehrer*innenkalender bzw. ein digitales Kursheft – Sie können Klassen und Kurse verwalten: Noten, Fehlzeiten, Abgaben, Stundenplanung u. v. m.
Sobald die Zeugnisse ihre Schatten vorauswerfen, bedeutet das für die Lehrer*innenschaft, dass diese Noten und Fehlzeiten auswerten und mitteilen muss. Dies geschieht je nach Schule auf verschiedenen, analogen oder digitalen Wegen. In jedem Fall bedarf es vorher jedoch der Auswertung durch die einzelne Lehrkraft, die wiederum auf ihre zuvor angefertigten, unterrichtsbegleitenden Notizen und Aufzeichnungen zurückgreift. Bei einem vollen Stundendeputat sowie entsprechenden Fächern kann es sein, dass Sie sehr viele Schüler*innen in einem Schuljahr begleiten und daher auch für jede*n eine Note festlegen und eventuell auch seine*ihre Fehlzeiten zählen müssen. Dies kann mitunter enorm viel Zeit in Anspruch nehmen und ist bei einem analogen Vorgehen auch fehleranfällig.

Verwendungshinweise

Nicht erst seit der Datenschutzgrundverordnung (DSGVO) sind die Themenfelder Datenschutz, Datensparsamkeit und Erhebung bzw. Verwaltung sowie Verwendung von (persönlichen) Daten sehr sensibel und bieten zahlreiche Anlässe für Diskussionen. Manche Bundesländer haben auf die zunehmende Digitalisierung in diesem Bereich reagiert und für ihre Lehrkräfte entsprechende Empfehlungen oder sogar Vorgaben veröffentlicht. Prüfen Sie also bitte zunächst die jeweiligen aktuellen Informationen des Bundeslandes, in dem Sie arbeiten, ehe Sie eine App wie TeacherTool kaufen und nutzen. Auch kann es sein, dass Sie ein Formular o. Ä. an Ihrer Schule ausfüllen müssen und dieses wiederum von der Schulleitung – ebenfalls durch Unterschrift – genehmigt werden muss. Es kann auch sein, dass Kurshefte oder Klassenbücher seitens der Schule weiterhin in analoger Form zu führen sind, sodass Sie mitunter beide Wege gehen müssen.

Vorbereitung

Kauf und Installation der App auf den gewünschten Endgeräten

Beschreibung

Möglicherweise kann die Einrichtung und Verwendung von TeacherTool zunächst etwas sperrig wirken. Es sind sowohl entsprechende Videos als auch das Handbuch zu empfehlen, die Schritt für Schritt dabei helfen (zu finden auf der Webseite des Anbieters).

Wenn Sie TeacherTool erst einmal eingerichtet haben, hilft es Ihnen im Verlauf des Schuljahres an vielen Stellen und führt zu einer deutlich spürbaren Zeitersparnis. Es gibt verschiedene Versionen: eine Grundversion, bei der weitere Funktionen als kleine Module per In-App-Kauf hinzugefügt werden können, eine Standard-Version, die einmalig bezahlt wird (und die sich für den Schulalltag empfiehlt, da sie die o. g. weiteren Funktionen bereits enthält), sowie eine Version, die ein Abonnement voraussetzt und dafür weiterführende Funktionen (wie die Möglichkeit, die Oberfläche der App auch auf einem Computer zu spiegeln) ermöglicht.

TeacherTool kann Ihnen dabei helfen, Zeit und Nerven zu sparen, wenn Sie es im Laufe des Schuljahres mit den benötigten Daten speisen. Sie können

beispielsweise für jede Klasse und jeden Kurs einen eigenen Bereich erstellen und diesen mit den Namen der Schüler*innen sowie regelmäßig mit Noten (z. B. von schriftlichen Überprüfungen, Klassenarbeiten oder Klausuren, mündlicher Mitarbeit) füllen, so haben Sie schnell Zugriff auf deren Leistungsstand. Einzelne Noten lassen sich in Kategorien einteilen, die sich wiederum in größere (Haupt-)Kategorien gliedern können. Auch die Gewichtung einzelner Noten und/oder Kategorien ist möglich. So lässt sich schnell eine Rückmeldung zum aktuellen Leistungsstand geben und das mühevolle Zusammenzählen und Verrechnen einzelner Leistungen entfällt. Auch Bemerkungen, etwa zum Arbeits- oder Sozialverhalten, vergessenem Arbeitsmaterial oder eigene Bemerkungen, können aufgenommen werden. So lässt sich z. B. am Elternsprechtag schnell eine Übersicht zu den jeweiligen Kindern aufrufen. Wenn Sie darüber hinaus noch Ihren Stundenplan in TeacherTool anlegen und diesen mit Ihren Klassen und Kursen verknüpfen, dann weiß das Tool anhand der Uhrzeit in welcher Klassen bzw. in welchem Kurs Sie gerade sind und öffnet die passende Übersicht. Innerhalb der Klassenliste können Sie die Anwesenheit kontrollieren und fehlende Schüler*innen durch Antippen markieren. Auch Entschuldigungen können Sie (nachträglich) vornehmen. Den großen Vorteil der Zeitersparnis bemerken Sie dann, wenn Sie die finalen Zensuren, die addierten Fehlzeiten (mit Unterscheidung zwischen entschuldigten, unentschuldigten und nicht zu wertenden Fehlzeiten – etwa aus schulinternen Gründen) und andere benötigte Daten unkompliziert ablesen können.
Es lassen sich auch Verwaltungs- und Ordnungsaufgaben digital umsetzen, indem Sie beispielsweise Listen zur Abgabe von Geld, Büchern o. Ä. anfertigen und sich von der App erinnern lassen können, bei wem Sie noch einmal nachhaken müssen.

TIPPS

TeacherTool verfügt über diverse Sicherheitsbarrieren und diese werden – je nach Gerät und dessen Sicherheitsvorkehrungen – noch einmal verstärkt. Es lassen sich auch Backups anfertigen und Listen etc. auch analog auf Papier ausdrucken.

ÄHNLICHE TOOLS

Teacherstudio, Meine Klassenmappe, Notenbox, Tapucate

2.7 Mehr als ein digitales Notizbuch: GoodNotes

Art

App

Kosten/Varianten

Kostenpflichtig

Registrierung notwendig?

Nein

Benötigte Technik/Materialien

Tablet (empfohlen) oder Smartphone (ein Gerät für die Lehrkraft)

Internetverbindung notwendig?

Nein

Einsatzmöglichkeiten

Notizen anfertigen, Tafelbilder vorbereiten und anfertigen, Unterrichtsvorhaben digitalisieren u. v. m. – Der Hauptnutzen der App besteht darin, handschriftliche Notizen anzufertigen. Im Gespräch über GoodNotes fällt häufig die Bewertung **eierlegende Wollmilchsau**. Dies liegt daran, dass neben der zunächst begrenzt wirkenden Funktion weitere Einsatzszenarien möglich sind, die GoodNotes zu einem Klassiker machen, der zahlreiche Lehrkräfte im Schulalltag begleitet:

- Die (hand-)schriftliche Planung von Unterricht
- Die Anfertigung von Notizen (bei Konferenzen, Hospitationen im Ausbildungsunterricht etc.)
- Die Integration weiterer Medien, wie Fotos oder Bildern, die wiederum beschriftet werden können
- Die Konzeption bzw. die Anfertigung von Tafelbildern
- Gemeinsame Textarbeit per Präsentationsfläche (TV oder Beamer im Klassenraum) oder die Demonstration von Beiträgen der Schüler*innen oder die gemeinsame Korrektur einer Klassenarbeit bzw. Klausur

Verwendungshinweise

Sie sollten wissen: GoodNotes ist nur für iOS, nicht für Android verfügbar. Es ist eine dringende Empfehlung, die App in Kombination von Tablet und einem passenden Stylus (ein Stift, mit dem Sie auf dem Bildschirm Ihres Gerätes schreiben können; siehe Kapitel 1, S. 8) verwendet werden. Es lohnt sich, in das bestmögliche technische Setup zu investieren. Die hochwertigen Varianten verfügen beispielsweise über einen integrierten Akku und eine Aktivierung der automatischen Handballenerkennung, sodass Sie Ihre Hand auf die Oberfläche des Gerätes legen können, ohne versehentlich damit den virtuellen Stift auszulösen. Es gibt auch Modelle, die eine unterschiedliche Strichstärke je nach Druck der Spitze auf das Display ermöglichen oder einen Neigungssensor enthalten und dadurch Schraffierung möglich machen. Vielleicht können Sie die Kombination aus Tablet und Stylus, bei Freund*innen, Kolleg*innen oder in einem Elektromarkt austesten. Sollten Sie die Funktionen häufig nutzen, schauen Sie unbedingt nach der passenden Technik.
Zudem offeriert GoodNotes verschiedene digitale Papiertypen: blanko, kariert, liniert und das jeweils in verschiedenen Formaten.

Vorbereitung

Kauf und Installation der App auf den gewünschten Endgeräten

Beschreibung

In GoodNotes können Sie eigene Notizen digitalisieren. Ein Vorteil ist der Umstand, dass Sie mit fortlaufender Zeit alle angefertigten Notizen etc. in Ihrem Gerät vereint haben und nicht mehr auf diversen Zetteln verteilt, die mit der Zeit verblassen oder verloren gehen können. Außerdem können die schriftlichen Aufzeichnungen problemlos korrigiert, ergänzt, verschoben oder mit Funktionen wie einem Textmarker oder einem Radiergummi bearbeitet werden. Der getippte und der mit einem Stylus handgeschriebene Text können durchsucht werden.
Der folgende Aufbau innerhalb der App GoodNotes hat sich bewährt:

- Nach Öffnen der App (erste Ebene): ein Ordner pro Schuljahr
  - Eventuell darin: ein Ordner pro Halbjahr
  - Eventuell darin: ein Ordner pro Schulfach

- Darin: ein Notizbuch pro Klasse bzw. Kurs
- Darin: Planung der Unterrichtsstunde(n) und Materialanhang in chronologischer Reihenfolge

Beginnen Sie mit einem passend beschrifteten Deckblatt, damit Sie in der Übersicht der Notizbücher das Gesuchte schnell wiederfinden. In diesem Notizbuch können Sie als erste Seite eine Übersicht für die jeweilige Klasse bzw. den jeweiligen Kurs einrichten, auf der Sie die Namen der Schüler*innen, die Themen, Termine der Prüfungen etc. übersichtlich notieren – wie bei einem Klassenbuch. Anschließend fügen Sie eine weitere Seite mit dem gewünschten Papier (bewährt hat sich kariert) ein, auf welcher Sie die Planung für die erste Unterrichtsstunde in der Lerngruppe handschriftlich notieren. Dahinter werden sämtliche Materialien (Arbeitsblätter, Elternzettel o. Ä. – am besten im PDF-Format) für diese Unterrichtsstunde(n) angehängt sowie ggf. ein Foto des entstandenen Tafelbildes, wenn dieses nicht gleich innerhalb von GoodNotes angefertigt wurde. Anschließend wiederholen Sie für die nächste(n) Unterrichtsstunde(n) diesen Vorgang, sodass Sie schlussendlich sämtliche Planungen mit allen Materialien etc. nacheinander sortiert in einem einzelnen digitalen Notizbuch vereint haben.

TIPPS

- Wenn Sie Ihre Notizen oder die Planung in Form von Blöcken anfertigen, können Sie diese mittels „Zauberlasso" in GoodNotes einkreisen und anschließend verschieben oder kopieren. So können Sie einen Teil einer Unterrichtsstunde, der zeitlich nicht mehr geschafft wurde, ganz einfach bei der darauffolgenden Stunde an den Anfang setzen, ohne dass Sie alles erneut schreiben müssen. So bleibt die Unterrichtsvorbereitung immer dynamisch.
- Wenn Sie die Notizbücher aller unterrichteten Fächer in einem Ordner gemeinsam verwahren (z. B. für ein Schuljahr), empfiehlt es sich, pro Fach eine Farbe festzulegen und diese dann bei allen Notizbüchern der jeweiligen Fächer auszuwählen.
- Sie können in GoodNotes eigene Vorlagen importieren.
- Nutzen Sie GoodNotes auf einem iPad und schließen Sie dieses per AppleTV oder Adapter an eine Präsentationsfläche an, und das Bild des iPads wird gespiegelt, können Sie festlegen, ob die Zuschauer*innen (nur das reine Bild sehen sollen oder auch die Werkzeugleiste etc. Stellen Sie alles ab, was ablenken könnte.
- Seit einem größeren Update verfügt GoodNotes über die Funktion, analoge Dokumente mittels Kamera zu digitalisieren und auf Wunsch auch direkt einzubinden.

ÄHNLICHE TOOLS

Microsoft OneNote, Notability

Die in diesem Kapitel aufgeführten Apps und Webtools bieten die Möglichkeit, sie in den Unterricht zu integrieren. Mit diesen können Sie und Ihre Schüler*innen bekannte Methoden und Abläufe mit digitalen Medien (neu) gestalten. Je nach Angebot und Umsetzung fordern und fördern Sie dabei **en passant** die Medienkompetenz der Schüler*innen und werden somit den entsprechenden Vorgaben gerecht.

3.1 Distanzunterricht per Videokonferenz mit Zoom

Art

App/Webtool

Kosten/Varianten

- Kostenlos: Möglicherweise besteht ein zeitliches Limit für einzelne Sitzungen (aktuell: 40 Minuten), das vom Anbieter für Bildungseinrichtungen in Abhängigkeit der Umstände (etwa während der Corona-Pandemie) temporär aufgehoben wird.
- Kostenpflichtig: Server-Standort in Europa sowie weiterführende Funktionen, die in der kostenlosen Variante nicht verfügbar sind (etwa die Möglichkeit, einen Co-Host einzurichten)

Registrierung notwendig?

Ja

Benötigte Technik/Materialien

Tablet, Smartphone oder Computer (mit Mikrofon und Kamera; ein Gerät für die Lehrkraft und ein Gerät pro Schüler*in)

Internetverbindung notwendig?

Ja

Einsatzmöglichkeiten

Videokonferenzen abhalten – Mithilfe dieses Tools kann (synchrone) Kommunikation mittels Videokonferenzen durchgeführt werden, z. B. Distanzunterricht. Mit Zoom sind unterrichtsähnliche Szenarien durchführbar. Zoom hat während der Corona-Pandemie quasi über Nacht einen enormen Zuwachs an Usern erfahren.

Verwendungshinweise
Sie müssen die Datenschutzvorgaben des entsprechenden Bundeslandes bzw. die Entscheidungen der jeweiligen Schule beachten. Ein Vorteil an Zoom ist, dass die Teilnehmenden lediglich die Zugangsdaten für ein Meeting benötigen, sich jedoch nicht selbst registrieren müssen. Schüler*innen müssen nicht zwingend ihre Kamera aktivieren, wenn sie dies nicht möchten. Sprechen Sie ggf. mit den Eltern, sodass sie das entsprechende Einverständnis hierfür erhalten. Alle Schüler*innen müssen Zugriff auf entsprechende Endgeräte sowie Internetzugang haben.
Vorbereitung
Registrierung und Installation auf Ihren Endgeräten

Beschreibung

Sie können ein Meeting mit der Kalenderfunktion vorplanen oder unmittelbar starten. Die Zugangsdaten für Ihr Zoom-Meeting, also einen Link, die Meeting-ID sowie ggf. ein Passwort, versenden Sie per E-Mail an Ihre Schüler*innen.

Sofern möglich, sollten Sie vorab mit Ihren Schüler*innen üben, wie sie mit diesen Informationen ins Meeting hineinkommen und es auch wieder beenden.

Zoom hat zahlreiche Funktionen, die recht intuitiv zu bedienen sind. Sie sind automatisch in der Rolle des Moderators und können beispielsweise verfügen, dass alle Teilnehmenden zunächst in einem Warteraum landen und erst nach einzelner Bestätigung durch Sie in den Meetingraum gelangen. Sie können auch einstellen, dass alle Teilnehmenden zunächst stumm gestellt sind. Praktisch ist hierbei die Funktion „Hand heben". Sobald jemand diesen Button auswählt, bekommen Sie eine Meldung angezeigt und können durch Klick auf die Person deren Mikrofon aktivieren. Auch können Sie nach erfolgter Stummschaltung aller durch Nennung des Namens der jeweiligen Person, die sich „gemeldet" hat, mit ihr vereinbaren, dass sie selbst ihr Mikrofon aktiviert und nach erfolgtem Beitrag wieder deaktiviert.

Sie und auch alle Teilnehmenden können ihre eigene Bildschirmansicht mit allen anderen teilen, sodass alle Materialien o. Ä. sehen können.

Zudem können Sie ein Whiteboard mit verschiedenen Funktionen (Textfeld, Zeichentools usw.) einblenden und wie eine Tafel nutzen.
Eine weitere praktische Funktion von Zoom, die realem Unterricht sehr nahe kommt, sind die sogenannten Breakout-Sessions. Damit können Sie (aktuell nur am Computer bzw. Laptop) das zentrale Meeting in Unterräume aufteilen. Sie können sowohl die Anzahl der Unterräume, als auch die Verteilung der Schüler*innen auf diese steuern – entweder automatisch und zufällig oder manuell und zielgerichtet. Durch diese Funktion sind auch gängige Sozialformen wie Partner- oder Gruppenarbeit virtuell möglich.

TIPPS

- Wenn Sie mit zwei verschiedenen Geräten agieren, können Sie ein Gerät (etwa einen Computer oder einen Laptop) für die Eröffnung des Meetings und die Verwaltung nutzen und ein weiteres Gerät (etwa ein Tablet) als zweiten Bildschirm nutzen, den Sie teilen. So können Sie einerseits alle anwesenden Personen sehen und andererseits parallel einen weiteren Bildschirm für Arbeitsphasen nutzen. Wenn Sie einen Stylus haben, können Sie bequem auf dem Bildschirm Ihres Tablets schreiben, Markierungen in Materialien vornehmen oder auf einzelne Inhalte hinweisen.
- Thematisieren Sie mit Ihren Schüler*innen bei Bedarf grundlegende Verhaltensweisen, die bei einer Videokonferenz nötig sind und die sie aus dem Unterricht kennen.
- Wenn alle Schüler*innen pauschal auf stumm geschaltet sind, können Sie alle zunächst begrüßen und den virtuellen Unterricht eröffnen. Trainieren Sie mit den Schüler*innen, dass diese ihr Mikrofon selbstständig freischalten, wenn sie etwas beitragen möchten und Sie den Namen genannt haben, und sich anschließend ebenfalls wieder selbstständig stummschalten.
- Zoom kann im Browser auch komplett ohne Installation der Software bzw. App genutzt werden.

ÄHNLICHE TOOLS

Cisco Webex, Jitsi, Big Blue Button, Skype, Google Meet, Microsoft Teams

3.2 Vielfältiges Classroom-Management mit Classroomscreen

Art

Webtool

Kosten/Varianten

- Kostenlos in der Grundversion (mit bzw. ohne Registrierung)
- Kostenpflichtige Version mit erweitertem Funktionsumfang

Registrierung notwendig?

Abhängig von der gewünschten Art der Nutzung (kostenlos ohne Benutzerkonto möglich, dann mit eingeschränkten Funktionen)

Benötigte Technik/Materialien

Computer, Tablet oder Smartphone sowie eine Möglichkeit zur Projektion (ein Gerät für die Lehrkraft)

Internetverbindung notwendig?

Ja

Einsatzmöglichkeiten

Virtuelles Smartboard mit verschiedenen Funktionen – Das Tool dient als Ersatz für unterschiedliche Geräte, Materialien oder andere Webtools für Classroom Management

Verwendungshinweise

Für den Einsatz im Unterricht, brauchen Sie eine große Projektionsfläche und einen Beamer, ein TV-Gerät oder ein Smartboard im Klassenraum.
Sie können den Einsatz standardisieren, indem sie das Tool in jeder Unterrichtsstunde mitlaufend einsetzen. Durch die zahlreichen Tools, die Classroomscreen offeriert, lassen sich leicht Routinen aufbauen.
Seit 2020 bietet Classroomscreen die Möglichkeit, nach einer Registrierung, eigene Einstellungen zu speichern. Ohne Registrierung öffnet sich das Tool bei jedem Aufruf wieder im ursprünglichen Zustand.

Vorbereitung

- Registrierung (eventuell; s. o.)
- Wenn Sie den Zufallsgenerator (siehe Beschreibung unten) in der kostenfreien Variante mit vorausgehender Anmeldung nutzen wollen, sollten Sie die Namen Ihrer Schüler*innen in einem Textdokument bereithalten (Tipp: Schreiben Sie alle Namen in einem Dokument untereinander in jeweils eine neue Zeile.)

Beschreibung

Auf der Webseite des Anbieters sehen Sie ein großformatiges Foto sowie mehrere Schaltflächen auf der unteren Ebene. Sie haben nun verschiedene Möglichkeiten, den Classroomscreen anzupassen:

- Der Hintergrund kann mit Fotos (z. B. Tiere, Natur, Sehenswürdigkeiten) oder einfarbig gestaltet werden (z. B. wie eine klassische grüne Kreidetafel). Auch eigene Bilder lassen sich hochladen oder über ein Endgerät mit Kamera einblenden.
- Es gibt zwei Zufallsgeneratoren:
  - Mithilfe einer vorbereiteten Liste mit den Namen der Schüler*innen (s. o.) lässt sich ein Name zufällig auswählen.
  - Zwischen einem und drei virtuellen Würfeln lassen sich einblenden. Durch Klicken kann man diese „werfen“.
- Wenn das verwendete Endgerät über ein eingebautes Mikrofon verfügt, lässt sich die Umgebungslautstärke messen.
- Es gibt einen Generator um QR-Codes zu erstellen. (siehe Kapitel 2.2, S. 14)
- Es gibt zwei Möglichkeiten für Zeichnungen:
  - Im Vollbild: eine weiße Grundfläche über den gesamten Bildschirm einstellen mit verschiedenen Farben und Strichstärken für Zeichnungen, auch verschiedene digitale Papierarten können eingestellt werden (kariert, liniert, Notenpapier, u. v. m.) oder ein eigenes Bild, das zuvor als Hintergrund definiert wurde
  - Im Kasten: eine kleinere weiße Grundfläche vor dem ursprünglichen Hintergrund mit den o. g. Zeichenfunktionen; Achtung: Hier kann nur ein eigenes Bild hochgeladen werden, die Papierarten sind hier nicht verfügbar!

- Ein Kasten mit einem Texteditor mit Grundfunktionen (z. B. Textgröße, -farbe, -ausrichtung), mit dessen Hilfe beispielsweise Arbeitsaufträge oder Anweisungen notiert werden können
- Arbeitssymbole, die verschiedene Arbeitsphasen begleiten (Ruhephase, Partner- oder Gruppenarbeit) lassen sich einblenden.
- Sie können eine virtuelle Ampel einblenden, die sich durch Anklicken jeweils aktivieren lassen.
- Es gibt zwei Timer:
  - Eine Zeit wird eingestellt und die Uhr läuft ab
  - Eine Stoppuhr
- Datum und Uhrzeit können angezeigt werden:
  - Die aktuelle Uhrzeit als digitale Variante sowie als analoge mittels eingeblendeter Wanduhr
  - Das aktuelle Datum mit Wochentag, Jahr, Monat und Tag sowie der aktuelle Monat in der Übersicht
- Etwas versteckt am unteren rechten Bildrand ist eine Umfragefunktion. Wenn Sie auf das Symbol klicken, öffnet sich ein neues Fenster. Hier können Sie eine Frage (z. B. „Wie hat dir die heutige Stunde gefallen?") oder eine These (z. B. „Ich habe noch Probleme beim aktuellen Thema!") oder einen anderen Impuls eintippen. Wenn Sie Classroomscreen über ein Tablet benutzen, können Ihre Schüler*innen eine Einschätzung durch Antippen auswählen und Ihnen ein (anonymes) Feedback geben. Achtung: Wenn Sie sich die Ergebnisse anzeigen lassen, sollten Sie einen Screenshot anfertigen, damit diese gespeichert sind!

TIPPS

- Classroomscreen lässt über einen Button in verschiedene Sprachen einstellen (u. a. Deutsch, Englisch, Spanisch oder Französisch). So lässt es sich auch gut für den Fremdsprachenunterricht nutzen und die Schüler*innen lernen nebenbei das entsprechende Vokabular.
- Wenn Sie eine Funktion über einen Button aktivieren, erscheint diese in der Regel in einem separaten Kasten auf dem Hintergrund. In der Kopfzeile dieses Kastens können Sie etwa die Größe einstellen. Die Kästen sind zudem frei verschiebbar, wenn Sie beispielsweise mehrere Kästen nebeneinander anordnen wollen.
- Wenn Sie einzelne Buttons anklicken, erscheint bei einigen das Symbol „+1". Klicken Sie darauf, öffnet sich die Funktion ein weiteres Mal, sodass Sie etwa beim Zufallsgenerator gleich zwei oder mehr Namen auswählen können.

ÄHNLICHE TOOLS

Keine

3.3 Das digitale Glücksrad: Decide Now!

Art

App

Kosten/Varianten

Kostenpflichtig

Registrierung notwendig?

Nein

Benötigte Technik/Materialien

Smartphone oder Tablet (ein Gerät für die Lehrkraft)

Internetverbindung notwendig?

Nein

Einsatzmöglichkeiten

Digitales Glücksrad mit individuellen Gestaltungsmöglichkeiten, das per Zufall etwas auswählt. Einsatzmöglichkeiten im Unterrichtskontext:

- Auswahl einer Schülerin oder eines Schülers: Wenn Sie die Namen der Schüler*innen einer Lerngruppe auf das Rad übertragen, können Sie so eine Person zufällig auswählen – etwa um etwas zu präsentieren oder um einen Beitrag zur aktuellen Unterrichtsphase zu leisten.
- Auswahl einer Gruppe: Wenn mehrere Gruppen etwas arbeitsteilig vorbereitet haben, stellt sich häufig die Frage, welche Gruppe beginnt. Lassen Sie doch einfach ein Drehrad entscheiden, auf dem Sie zuvor die einzelnen Gruppen (z. B. Gruppe 1 bis 4 oder Gruppe A bis D) eingetragen haben.
- Stichworte zum Inhalt des Unterrichts:
  - Begriffe, die von den Schüler*innen erklärt werden
  - Daten (z. B. im Geschichtsunterricht), die von den Schüler*innen erläutert werden sollen
  - Vokabeln oder Verbformen (z. B. unregelmäßige Verben im Fremdsprachenunterricht), die von den Schüler*innen übersetzt bzw. konjugiert werden müssen

Ihrer Fantasie sind dabei keine Grenzen gesetzt. Insgesamt hat sich gezeigt, dass die Schüler*innen bei der Wahl durch einen technischen Zufallsgenerator nicht nur weniger mit der Entscheidung hadern, wenn diese sie betrifft, als wenn Sie als Lehrkraft diese treffen, sondern regelrecht mitfiebern, auf welches Feld das Drehrad springen wird.

Verwendungshinweise

Wenn Sie die Namen Ihrer Schüler*innen nutzen, holen Sie sich bei Bedarf die Erlaubnis der Erziehungsberechtigten ein oder nutzen Sie Abkürzungen aus Vor- und Nachnamen.

Vorbereitung

Kauf und Installation der App auf den Endgeräten

Beschreibung

Decide Now! hat einen begrenzten Funktionsumfang, ist aber für den vorgesehenen Einsatz gut geeignet. Sie können mit der App ein eigenes „Glücksrad" erstellen und dieses unmittelbar verwenden. Dabei können Sie zwischen verschiedenen Farbschemata wählen und die einzelnen Abschnitte individuell beschriften. Je nach Anzahl der Felder wird das gesamte Rad gleichmäßig mit diesen aufgefüllt.
Ihnen steht dann ein eigener Zufallsgenerator zur Verfügung, den Sie für die gesamte Klasse per TV-Gerät oder Beamer projizieren können.
Das Rad wird aktiviert, indem Sie dieses mit dem Finger auf dem Bildschirm „drehen". Es wird mit einem Sound wie bei einem echten Glücksrad unterstützt, der langsamer wird, sobald das Rad an Geschwindigkeit abnimmt.

TIPPS

- Bei allen Glücksrädern können Sie einstellen, dass das Feld, das ausgewählt wurde, anschließend deaktiviert wird und somit nicht noch einmal angesteuert wird.
- Lassen Sie auch Ihre Schüler*innen das Rad bedienen. Wenn beispielsweise mehrere Schüler*innen oder Gruppen in einer Reihenfolge durch das Rad bestimmt werden sollen, kann immer eine Person, die ausgewählt wurde, drehen und so die nächste Person durch Zufall bestimmen.

ÄHNLICHE TOOLS

Chwazi, Chooser, RNG (Zufallsgeneratoren für die Auswahl von Schüler*innen)

3.4 Kooperative Methoden und Werkzeuge interaktiv und digital umsetzen mit Oncoo

Art

Webtool

Kosten/Varianten

Kostenlos

Registrierung notwendig?

Nein

Benötigte Technik/Materialien

Tablet, Smartphone oder Computer (ein Gerät für die Lehrkraft sowie ein Gerät pro Schüler*in)

Internetverbindung notwendig?

Ja

Einsatzmöglichkeiten

Digitale Varianten von Methoden und Werkzeugen – Mit Oncoo lassen sich Methoden und Werkzeuge auf digitale Art und Weise realisieren, die in die Themenbereich Kooperation bzw. Classroom-Management eingeordnet werden können.

Verwendungshinweise

Bei der Verwendung von Oncoo wird grundsätzlich zwischen Lehrkraft und Schüler unterschieden. Auf der Startseite gibt man für das jeweilige Angebot (ein sog. **Oncoo**) den Zugangscode ein und wählt aus, ob man Lehrer*in oder Schüler*in ist. Klicken Sie auf „Lehrer*in", erhalten Sie die Übersicht, wie sie nach den letzten Änderungen angezeigt wurde, sodass Sie immer wieder auf das eigene Oncoo zurückgreifen können. Den Schüler*innen wird mit dem Code und dem entsprechenden Button der Zugang zur Teilnahme gewährt.
Wenn Sie ein Oncoo erstellen, werden Sie gefragt, ob Sie ein Passwort einstellen wollen. Dies ist zu empfehlen, da ansonsten jede*r, also auch fremde Personen, mithilfe des Codes auf ein existierendes Oncoo zugreifen und dieses bearbeiten oder löschen können.

Vorbereitung
Anlegen eines Oncoos vor dem Einsatz im Unterricht

Beschreibung

Oncoo bietet folgende Möglichkeiten (in Klammern die möglichen einsetzbaren Geräte laut Webseite des Anbieters):

- Kartenabfrage (Laptop/PC, Smartboard, Smartphone, Tablet)
  - **Lehrer*in:** Sie sehen eine Fläche („Tafel"), auf der die digitalen Karten der Schüler*innen auftauchen. Diese können Sie frei anordnen. Sie können jede einzelne Karte nachträglich editieren, ihre Farbe ändern, sie löschen oder durchnummerieren. Zusätzlich sehen Sie eine Werkzeugleiste mit verschiedenen Funktionen:
    - → (De-)Aktivierung der Möglichkeit, Karten an die Tafel zu senden
    - → Überschriften ergänzen
    - → Pfeile hinzufügen
    - → Alle Karten löschen („Tafel putzen")
    - → Das Ergebnis als Bild exportieren, um dieses zu sichern
    - → Importfunktion für Karten aus einem anderen Oncoo
    - → Die gesamte Abfrage duplizieren.
  - **Schüler*in:** Die Schüler*innen können aus verschiedenen Farben wählen und in ein Textfeld etwas hineinschreiben. Diese werden zunächst als neue Karten in der jeweiligen Farbe untereinander gesammelt. Einzelne Karten können wieder gelöscht werden oder durch Klick auf ein Raketensymbol auf die virtuelle Tafel abgesendet werden. Es lassen sich alle gesammelten Karten auch durch einen Button gemeinsam abschicken.
- Helfersystem (Laptop/PC, Smartphone, Tablet)
  - **Lehrer*in:** In der Ansicht für die Lehrkraft werden alle Schüler*innen, die dem Code gefolgt sind und ihren Namen eingegeben haben, zunächst unter der Überschrift „Arbeitende" subsummiert. Zusätzlich sehen Sie über eine große Ziffer die Anzahl der Schüler*innen, die sich auf dem Oncoo befinden. Wenn eine Person nun ihren Status ändert und in ihrer Ansicht auf „Erledigt" klickt/tippt und somit signalisiert, dass alle Aufgaben bearbeitet wurden, rückt der Name in

der Lehrer*innenansicht nach oben, befindet sich unter der Überschrift „Helfende" und ändert die Farbe. Einzelne Einträge können Sie löschen. Ein weiterer Button mit einem Pfeil zurück setzt die gesamte Übersicht zurück und alle teilnehmenden Schüler*innen werden wieder als Arbeitende angezeigt. Diesen Button können Sie in einer weiteren Arbeitsphase anklicken, ohne dass alle Schüler*innen sich erneut anmelden müssen.
- **Schüler*in:** Nachdem der Code eingegeben wurde, kommt eine Abfrage des Namens. Anschließend folgt der Hinweis, dass die aktuellen Arbeitsaufträge zu erledigen sind. Ist eine Person damit fertigt, wählt sie den Button „Erledigt". Daraufhin wird nachgefragt, ob wirklich alle Aufgaben erledigt wurden. Nach der Bestätigung wird die Bitte angezeigt, den Mitschüler*innen zu helfen. Den eigenen Status können die Schüler*innen durch ein Pfeil-zurück-Symbol wieder ändern, sodass sie erneut in den Arbeitsmodus zurückkehren – etwa, wenn sie doch noch nicht alle Aufgaben erledigt hatten oder etwas nachbessern müssen auf Hinweis der Lehrkraft.

Lerntempoduett (Laptop/PC, Smartphone, Tablet)
- **Lehrer*in:** Ähnlich wie beim Helfersystem sehen Sie alle teilnehmenden Schüler*innen mit Namen in der Gruppe „Schüler in der Einzelarbeit". Auch hier wird die Gesamtanzahl angezeigt. Hat eine Person bestätigt, dass alle Aufgaben erledigt sind, gelangt sie in einen Wartemodus und wird in die Gruppe „Wartende Schüler" verschoben. Sobald eine weitere Person in diesen Wartemodus folgt, werden beide zu einem Team zusammengeführt und rutschen auf der Übersicht unter die Überschrift „Teams". Wenn beide ihre Ergebnisse miteinander abgeglichen haben und dies jeweils signalisieren, ändert sich die Farbe ihrer Namensanzeige in grün. Auch dieses Oncoo kann zurückgesetzt werden, sodass alle Schüler*innen wieder in die erste Phase versetzt werden.
- **Schüler*in:** Nach Eingabe des Codes folgt zunächst ein Feld, in das der Name eingetragen wird. Anschließend erhält die Person den Hinweis, die Aufgaben zunächst in Einzelarbeit zu erledigen. Nach Bestätigung der Rückfrage, ob wirklich alles erledigt wurde, gelangt sie in einen Wartemodus und es wird angezeigt, dass nach einem Partner oder eine Partnerin gesucht wird. Folgt eine weitere Person aus der

Lerngruppe in diesen Status, werden beide zu einem Team zusammengefasst und sehen den Namen der jeweils anderen Person sowie den Hinweis, dass ein*e neue*r Partner*in gefunden wurde. Es folgen ein Hinweis auf die Phase der Partnerarbeit sowie ein entsprechender Arbeitsauftrag. Wird auch dies bestätigt, gibt es eine Rückfrage, ob alles abgeglichen wurde. Wenn eine der beiden Personen dies bestätigt, erhalten beide die Bitte, den übrigen Mitschüler*innen zu helfen. Auch hier kann jeweils der Schritt zurück in die vorherige Phase durch einen Button durch die Schüler*innen selbst vorgenommen werden.

Placemat (Smartphone, Tablet)

- **Lehrer*in:** Wenn Sie ein neues Placemat erstellen, können Sie ein paar Einstellungen vornehmen. Neben der Gesamtanzahl der Schüler*innen können Sie auch die gewünschte Gruppengröße auswählen. Sollte dies rechnerisch nicht aufgehen, werden Alternativen zur Gruppenbildung vorgeschlagen. Außerdem können Sie das Ende der Bearbeitungszeit für die Think-Phase sowie für die Pair-Phase als Uhrzeit einstellten. In der Übersicht sehen Sie die einzelnen Gruppen sortiert nach Farben und Namen in einer tabellarischen Übersicht. Sobald eine Person eine Lösung eingegeben und abgesendet hat, sehen Sie dies anhand eines Briefumschlag-Symbols neben dem jeweiligen Namen. Wenn während der Pair-Phase ein Gruppenergebnis gespeichert wird, sehen Sie dies in der Übersicht anhand eines großen Briefumschlag-Symbols. Wenn Sie darauf klicken, können Sie das Gruppenergebnis einsehen. Bis dahin wird bei allen Gruppen ein Zahnrad-Symbol angezeigt, das den andauernden Arbeitsprozess markiert. Durch Klicken auf ein Diskettensymbol am oberen Rand können Sie alle Beiträge der Gruppenergebnisse als Textdatei sichern.
- **Schüler*in:** Auch hier folgt nach Eingabe des Codes ein Namensfeld, das auszufüllen ist. Danach wird die Gruppe angezeigt und welchem Buchstaben darin (z. B. A in einer Dreiergruppe bestehend aus A, B und C) die Person zugeordnet wurde, verbunden mit einer Aufgabe bzw. einem Arbeitsauftrag. Zusätzlich erscheint ein Textfeld für die

individuelle Lösung. Nachdem die Person diese abgesendet hat, erhalten in diesem Beispiel die Personen B und C den Hinweis, dass sie zu Person A aus derselben Farbgruppe gehen sollen. Bei Person A erscheinen die Lösungsvorschläge der anderen Gruppenmitglieder sowie ein weiteres Textfeld für eine Gesamtlösung. Hier wird das Gruppenergebnis gespeichert.
Für die beiden Phasen (Think und Pair) sehen die Schüler*innen und Sie auf Ihren Geräten in der Übersicht einen Timer, der sich an der eingangs eingestellten Endzeit orientiert.

Zielscheibe (PC/Laptop, Smartphone, Tablet)

- **Lehrer*in:** Wenn Sie eine Zielscheibe erstellen, können Sie die Items, die bewertet werden sollen, festlegen. Die Anzahl kann variieren und die Beschriftung individuell eingetragen werden. Auch eine Skala von Bewertungsstufen (zwischen 2 und 10) steht zur Verfügung. Nach Festlegung erscheinen eine Zielscheibe sowie die einzelnen Items daneben. Sobald eine Person ihre Bewertung vorgenommen hat, werden die Ergebnisse in Echtzeit übertragen. Visuell werden Punkte auf der Zielscheibe eingetragen und bei den Items wird eine grafische Übersicht in Form eines Balkendiagramms sowie weitere statistische Werte, wie der Durchschnitt, angezeigt. Zudem wird die Gesamtzahl der abgegebenen Bewertungen angegeben.
- **Schüler*in:** Sobald die Schüler*innen den Code als Zugang zum Oncoo eingetragen haben, werden ihnen die Items mit der jeweiligen Skala angezeigt. Sie können anonym jeden Punkt der Skala bei jedem Item einzeln auswählen oder auch keinen Eintrag vornehmen. Anschließend senden sie die Bewertungen durch einen Button ab, woraufhin ein Dankeschön für die Teilnahme erscheint.

TIPPS

- Sobald Sie ein neues Oncoo erstellt, alle notwendigen Einstellungen vorgenommen sowie bei Bedarf ein Passwort vergeben haben, wird Ihnen eine Übersicht mit mehreren Möglichkeiten der Weitergabe des Zugangs an die Schüler*innen angezeigt. Sie können entweder den Code nutzen, einen fertigen Link oder direkt einen QR-Code, der vom Anbieter generiert wird. Sollten Sie die Übersicht also über einen Beamer o. Ä. im Klassenraum projizieren, können die Schüler*innen schnell und unkompliziert auf das Oncoo zugreifen, etwa indem sie den QR-Code mit ihrem Gerät scannen oder den Code auf der Startseite des Anbieters eingeben.
- Die Webseite ist übersichtlich aufgebaut und in gewisser Weise selbsterklärend. Zudem können Erklärungen für die einzelnen Buttons und Funktionen eingeblendet werden auf der Startseite. Dennoch empfiehlt es sich, das Prozedere einmal selbst durchzuspielen, ehe Sie Oncoo im Unterricht einsetzen. Erstellen Sie ein Oncoo und simulieren Sie den Zugang aus Sicht der Schüler*innen, indem Sie ein weiteres Browserfenster öffnen und den Zugangscode eingeben oder nehmen Sie ein weiteres Gerät (Smartphone oder Tablet) hinzu. Sie können auch Familienmitglieder, Freund*innen oder Kolleg*innen bitten, sich einmal in die Rolle eines Schülers bzw. einer Schülerin zu begeben und das Oncoo zu testen. Durch die Reset-Funktion können Sie es anschließend wieder zurücksetzen und dann im Unterricht benutzen.

ÄHNLICHE TOOLS

Keine

3.5 Quiz, Umfragen und Feedback mit Plickers

Art

App und Webtool

Kosten/Varianten

- Kostenlos: Grundversion; eingeschränkter Funktionsumfang
- Kostenpflichtig: Abonnement-Modell; ohne Einschränkungen

Registrierung notwendig?

- Lehrkraft: Ja, zur Erstellung
- Schüler*innen: Nein, zur reinen Benutzung

Benötigte Technik/Materialien

Tablet, Smartphone und Computer oder weiteres Tablet (zwei Geräte für die Lehrkraft); Plickers-Karten (Download auf der Webseite des Anbieters)

Internetverbindung notwendig?

Ja

Einsatzmöglichkeiten

Abfragetool, bei dem die Antworten bzw. Stellungnahmen der Teilnehmenden in Echtzeit anhand von Karten erfasst werden – Mit Plickers können Sie ein Quiz oder eine Um- bzw. Abfrage mit mehreren Antwortmöglichkeiten erstellen – etwa zur Reaktivierung, zum Wiedereinstieg oder zur Wissensabfrage am Ende einer Unterrichtsstunde bzw. eines Unterrichtsvorhabens. Sie können das Tool aber auch für (anonymes) Feedback benutzen, wenn Sie den Schüler*innen entsprechende Items nennen (z. B. A = Ich habe alles verstanden, B = Ich habe den Großteil verstanden, C = Ich habe noch ein paar Probleme, D = Ich habe überhaupt nichts verstanden). Auch andere Umfragen, Abfragen oder Abstimmungen sind möglich und können mit Plickers realisiert werden. Den vier Optionen können dabei unterschiedlich abgestufte Optionen zugeordnet werden (z. B. A = Richtig, B = Falsch oder A = Stimme voll zu, B = Stimme eher zu, C = Stimme eher nicht zu, D = Stimme nicht zu).

Verwendungshinweise

Die Erstellung von Fragen funktioniert nur im Webbereich, (noch) nicht über die App.
Für die Benutzung von Plickers reichen zwei Endgeräte aus – beispielsweise Ihre. Dabei sollte es sich einerseits um ein Smartphone oder Tablet mit integrierter Kamera handeln und andererseits um einen Computer bzw. Laptop oder ein zusätzliches Tablet. Zusätzlich benötigen Sie noch Plickers-Karten in der Anzahl der Schüler*innen. Diese können Sie auf der Webseite des Anbieters kostenlos herunterladen und anschließend ausdrucken – u. a. in einem 40-teiligen Set. Nun können Sie Plickers direkt im Unterricht einsetzen.

Vorbereitung

Installation der App auf den Endgeräten, Erstellung von Fragen bzw. Impulsen auf der Weboberfläche, Plickers-Karten ausdrucken

Beschreibung

Mit den beiden Endgeräten sowie den ausgedruckten Plickers-Karten können Sie das Tool direkt einsetzen. Verteilen Sie die Plickers-Karten, sodass alle eine erhalten. Auf den Karten ist eine Art Symbol (eine Anordnung aus weißen und schwarzen Quadraten; ähnlich einem QR-Code) aufgedruckt, an jeder Seite einer der vier Buchstaben A ,B, C und D sowie eine Ziffer, da alle Karten fortlaufend durchnummeriert sind. Je nachdem wie die Schüler*innen die Karten in der Hand halten und drehen sind einer der vier Buchstaben sowie die Ziffer der Karte immer in der richtigen Position, sodass beide lesbar sind. Melden Sie sich über den Browser in Ihrem Account an und starten Sie dann das vorbereitete Quiz. Wenn Sie das Bild dieses Gerätes gleichzeitig projizieren, sehen die Schüler*innen die Antwortmöglichkeiten und können den Verlauf in Echtzeit mitverfolgen. Auf dem zweiten Gerät (Tablet oder Smartphone; jeweils mit Kamera) öffnen Sie nun die Plickers-App (wichtig: auch dort mit Ihrem Account eingeloggt) und das zuvor gestartete Quiz wird angezeigt. Dieses zweite Gerät fungiert gleich als reines Werkzeug, um die Plickers-Karten zu scannen.
Nun stellen Sie eine Frage oder geben einen Impuls, und nennen den Schüler*innen zwischen zwei und vier Reaktionsoptionen (z. B. verschiedene

Antwortmöglichkeiten), die jeweils mit einem der Buchstaben verbunden sind. Die Schüler*innen überlegen, welche der Optionen zutrifft und halten die Karte so in der Hand, dass der Buchstabe, den sie ausgewählt haben, in der waagerechten, lesbaren Position ist. Wenn alle Schüler*innen ihre Karte vor sich oder über ihren Kopf halten, aktivieren Sie in der App die Kamerafunktion. Wenn Sie nun die Kamera des Geräts durch den Klassenraum schwenken, werden die Plickers-Karten der Schüler*innen in Echtzeit erfasst. Die App erkennt dabei, welcher Buchstabe richtig herum gehalten wird. Die Antworten der Schüler*innen werden gebündelt und nach den vier Optionen zusammengezählt. Sie sehen auch, welche Karten bereits erfasst wurden, da deren Ziffern in der Übersicht angezeigt werden. Die Ergebnisse werden in Echtzeit auf der Projektionsfläche angezeigt und alle sehen dort, welche Karten bereits erfasst wurden. Nach Beendigung können die Antworten und Statistiken im Webbereich erneut gemeinsam betrachtet werden und dienen als Grundlage für weiterführende Unterrichtsgespräche.

TIPPS

- Um eine reibungslose und schnelle Erfassung der Plickers-Karten zu gewährleisten, müssen die Schüler*innen darauf achten, dass das Symbol ihrer Karte lesbar ist und nicht z. B. durch die eigene Hand oder die Karte des Vordermanns verdeckt wird. Sie können die Schüler*innen im vorderen Bereich des Klassenraumes bitten, ihre Karte hochkant auf den Tisch zu stellen, die im mittleren Bereich ihre Karte auf Brusthöhe oder vor ihr Gesicht zu halten und die Schüler*innen im hinteren Bereich sie über ihren Kopf heben. Gerade mit jüngeren Schüler*innen kann es sich lohnen, das Vorgehen einmal mit einem Testlauf zu üben.
- Jede Plickers-Karte ist so aufgebaut, dass das Symbol individuell ist und ein Sitznachbar dadurch nicht darauf schließen kann, welche der vier Optionen (A, B, C oder D) die Person nebenan gerade ausgewählt hat.
- Sie können den Karten im Login-Bereich der Anbieter-Webseite die Namen Ihrer Schüler*innen den einzelnen Nummern der Karten zuordnen, wenn Sie die Karten beispielsweise dauerhaft an die Schüler*innen ausgeben und jede*r eine eigene Karte behält. Hier ist der Datenschutz zu beachten, sodass mit Abkürzungen oder Pseudonymen gearbeitet werden sollte, die Sie wiederum auf die Schüler*innen zurückführen müssten.
- Die Karten können Sie für eine längerfristige Benutzung laminieren. Dabei ist es wichtig, matte Laminierfolien zu benutzen, sodass diese nicht spiegeln, sonst können die Karten nicht erfasst werden. Es besteht die Möglichkeit auf der Webseite des Anbieters vorgefertigte Karten kostenpflichtig zu erwerben, die im Vergleich zur gedruckten Papiervariante stabiler sind.

ÄHNLICHE TOOLS

Ohne Karten:
Kahoot, Socrative

3.6 Grafiken und Präsentationen erstellen mit Canva

Art

App oder Webtool

Kosten/Varianten

- Kostenlos: leicht eingeschränkter Funktionsumfang
- Ebenfalls kostenlos: Bildungsversion (umfangreichere Funktionen)

Registrierung notwendig?

Ja

Benötigte Technik/Materialien

Tablet, Smartphone oder Computer (ein Gerät pro Schüler*in)

Internetverbindung notwendig?

Ja

Einsatzmöglichkeiten

Mithilfe von Vorlagen Präsentationen und Infografiken erstellen – Mit Canva können Sie oder Ihre Schüler*innen selbst in kurzer Zeit sehr ansehnliche Grafiken, Präsentationen, Arbeitsblätter, Poster etc. gestalten. Auch Infografiken, die Inhalte visuell darstellen, anstelle von Tabellen oder langen Erklärungen in Textform, können erstellt und im Unterricht eingesetzt werden. So werden Sie nicht nur den verschiedenen Lerntypen gerecht, sondern können auch Zusammenhänge deutlicher darstellen und komplexe Inhalte in komprimierter Art und Weise zugänglich machen.
In jeder Phase des Unterrichts können solche Grafiken sinnvoll eingesetzt werden:

- In der Einstiegsphase als Impuls, der die Schüler*innen auf die kommende Stunde einstimmt oder als Vorschau fungiert
- In der Erarbeitungsphase können anhand von Grafiken beispielsweise verschiedene Positionen erörtert werden oder sie werden Gegenstand einer vertiefenden Analyse. Auch Präsentationen lassen sich hierfür entsprechend einsetzen.
- In der Sicherungsphase können erarbeitete Inhalte visuell zusammengefasst und dargestellt werden.

Verwendungshinweise

Canva bietet speziell für Lehrkräfte und Schulklassen einen eigenen „Canva for Education"-Zugang an, der an einen Premium-Zugang erinnert und zahlreiche, ansonsten kostenpflichtige, Inhalte kostenlos bereitstellt. Hierfür muss man sich als Lehrkraft autorisieren. Auf der Webseite des Anbieters finden sich dann zahlreiche Beispiele für den unterrichtlichen Einsatz, die als Inspiration dienen können.

Vorbereitung

Registrierung und je nach Gerät Installation der App

Beschreibung

Canva ist sehr benutzerfreundlich und (große) Kenntnisse in Grafikdesign o. Ä. werden nicht vorausgesetzt. Canva bietet (vor allem mit einem „Canva for Education"-Zugang) eine Vielzahl an Vorlagen an, die editiert und den eigenen Wünschen und Bedürfnissen angepasst werden können. Dafür können Sie auf eine große Datenbank an Bildern, Symbolen bzw. Illustrationen, Schriften etc. zugreifen und diese für die eigenen Entwürfe benutzen. So können viele Ideen für den Unterrichtsalltag kreativ umgesetzt werden.

TIPP Je nach Erfahrung und Motivation einer Lerngruppe kann es auch ein Ziel sein, dass die Schüler*innen selbst Grafiken erstellen. Es ist denkbar, dass arbeitsteilig in Kleingruppen verschiedene (Teil-)Inhalte durch die Schüler*innen erarbeitet werden, deren Ergebnisse jeweils in einer Infografik aufbereitet werden und anschließend innerhalb der gesamten Lerngruppe geteilt werden z. B. als Grundlage für eine Klassenarbeit bzw. Klausur. Bei diesem Ansatz des „Lernens durch Lehren" werden Schüler*innen zu Expert*innen für ihr jeweiliges (Teil-)Thema und durchdringen die Inhalte dabei im Idealfall so, dass sie komplexe Zusammenhänge in komprimierter, visueller Gestalt für ihre Mitschüler*innen aufbereiten. Besonders geeignete Ergebnisse können auch in einem anderen Jahrgang durch die Lehrkraft eingesetzt werden.

ÄHNLICHE TOOLS Piktochart, Easelly

3.7 Kollaboratives Schreiben mit Etherpads

Art

Webtool

Preis/Varianten

Kostenlos

Registrierung notwendig?

Nein

Benötigte Technik/Materialien

Computer, Tablet oder Smartphone (ein Gerät pro Schüler*in)

Internetverbindung notwendig?

Ja

Einsatzmöglichkeiten

Gleichzeitige Erstellung oder Bearbeitung von Texten in Echtzeit, Projektplanung, Linksammlung, Notizen anfertigen etc. – Ein Webdokument kann von einer große Zahl an Teilnehmenden gleichzeitig bearbeitet werden. Folgende Einsatzmöglichkeiten sind denkbar:

- Die Lehrkraft sammelt im Etherpad Links für eine Internetrecherche und teilt die Übersicht mit der Lerngruppe. Die Schüler*innen können weitere Links, die sie als sinnvoll erachten, ergänzen.
- Im Rahmen einer Partner- oder Gruppenarbeit nutzen die Schüler*innen ein Etherpad als Sammlung für Ergebnisse oder nützliche Links – etwa bei der Vorbereitung eines Referates. Durch die allgemeine Verfügbarkeit der Inhalte durch den Link können Schüler*innen auch von zu Hause aus daran weiterarbeiten.
- Für eine Projektarbeit oder zur längerfristigen Konzeption komplexerer Aufgaben können Schüler*innen (auch gemeinsam mit der Lehrkraft) mittels Etherpad daran arbeiten.
- Die Lehrkraft bereitet Texte vor, die die Schüler*innen in einem Etherpad bearbeiten oder ergänzen können. In Deutsch oder einer Fremdsprache können so Überarbeitungen und Korrekturen vorgenommen werden.

- Zur Vorbereitung auf schriftliche oder mündliche Prüfungen können Hinweise oder offene Fragen gesammelt werden, die wiederum andere Schüler*innen oder die Lehrkraft kommentieren.
- Ein Etherpad kann auch als Chat konzipiert werden. Dabei ist denkbar, dass zwei oder mehrere Schüler*innen eine Diskussion führen und die jeweiligen Beiträge kommentieren können – wie bei der Methode des Schreibgesprächs. Wenn die Farben der Benutzer keinem konkreten Namen zugeordnet werden, ist auch eine anonyme Zusammenarbeit möglich

Verwendungshinweise

In einem Etherpad können mehrere Personen gleichzeitig an einem Text arbeiten und alle Ergänzungen bzw. Änderungen sind in Echtzeit sichtbar. Etherpads lassen sich schnell erstellen und der Zugang wird über die Weitergabe des jeweiligen Links geregelt. Die Benutzung setzt keine Registrierung voraus. Manche Anbieter haben ein zeitliches Limit, bei dem die Inhalte nach einer gewissen Zeit der Inaktivität wieder zurückgesetzt werden.

Vorbereitung

Ein oder mehrere Etherpads anlegen und die Links bereithalten

Beschreibung

Bei einem Etherpad handelt es sich um einen webbasierten Texteditor. Er erinnert an gewöhnliche Programme zur Texterstellung, wenngleich er eine vergleichsweise basale Funktionspalette aufweist, ist in seiner Benutzung daher aber intuitiv und für viele Anwendungsmöglichkeiten im Unterricht völlig ausreichend. Sobald ein neues Ehterpad eröffnet wird, kann direkt damit gearbeitet werden. Alle Änderungen werden in Echtzeit gespeichert und das Etherpad selbst ist über den Link in der Adresszeile jederzeit aufrufbar und dieser kann so weitergegeben werden.

Manche Anbieter bieten die Möglichkeit, über sogenannte Zeitstempel Änderungen sichtbar (und gegebenenfalls rückgängig) zu machen. Außerdem bekommen alle Benutzer eine eigene Farbe zugewiesen, sodass der Text, der von einer Person geschrieben wurde, farblich gekennzeichnet wird –

vergleichbar mit einem Textmarker. Das geschieht ebenfalls, wenn an einer Textpassage etwas geändert wurde. So lassen sich beispielsweise die Anteile einzelner Schüler*innen an Arbeitsphasen nachvollziehen.

TIPPS

- Besprechen Sie vor allem mit jüngeren Lerngruppen vor der Benutzung von Etherpads angemessene Verhaltensweisen. Dazu gehört beispielsweise, dass Inhalte anderer nicht einfach gelöscht oder verändert werden, wenn dies nicht durch die Aufgabenstellung vorgesehen ist.
- Wenn es gewünscht ist, dass die Schüler*innen nicht anonym agieren, empfiehlt es sich, dass jede*r Benutzer*in einmal in seiner jeweiligen Farbe seinen Namen aufschreibt – etwa in der ersten Zeile des Etherpads.
- Bei einigen Anbietern lassen sich fertige Etherpads auch in verschiedenen Formaten exportieren und sind somit dauerhaft gesichert.

ÄHNLICHE TOOLS

ZUMpad (als Beispiel für einen Anbieter), kollaborative Textprogramme (z. B. Google Docs)

3.8 Digitale Pinnwände erstellen mit Padlet

Art

Webtool/App

Kosten/Varianten

- Kostenlos (in der Grundversion, inkl. einer limitierten Anzahl an Padlets)
- Kostenpflichtig (ohne limitierte Anzahl möglicher Padlets und beispielweise mit einem höheren Speicherplatz für Dateien sowie mit weiterführenden Möglichkeiten zur Anpassung an die Schule durch die Einbindung eines Logos)

Registrierung notwendig?

- Lehrkraft: Ja; zur Erstellung
- Schüler*innen: Nein; zur reinen Benutzung

Benötigte Technik/Materialien

Computer, Tablet oder Smartphone (ein Gerät für die Lehrkraft sowie ein Gerät pro Schüler*in)

Internetverbindung notwendig?

Ja

Einsatzmöglichkeiten

Digitale Pinnwand – Das Tool dient begleitend als Übersicht zu einem Unterrichtsvorhaben oder zu einzelnen Unterrichtssequenzen zur Sammlung von Unterrichtsergebnissen, Bereitstellung von Links oder Impulsen, Projektplanung, Präsentation von Ergebnissen im unterrichtlichen oder gesamtschulischen Kontext usw.
Die Möglichkeiten, Padlet in den Schulalltag zu integrieren, lassen sich anhand der Unterrichtsphasen zeigen:

- Einstieg
  - Die Lehrkraft sammelt Impulse in Form von Texten, Bildern, Videos zur Einstimmung auf ein neues Thema.
  - Die Lehrkraft sammelt Links für eine vorbereitete Internetrecherche oder als unterstützendes Hilfsangebot, auf das die Schüler*innen zurückgreifen können.

Erarbeitung
- Die Schüler*innen können auf Inhalte eines Padlets zurückgreifen, das nach verschiedenen Kriterien sortiert ist (weiterführende Informationen, unterstützende Inhalte, Aufgabenstellungen, Abläufe von Unterrichtsphasen usw.).
- Die Schüler*innen arbeiten gemeinsam an einem Padlet, indem sie andere Beiträge kommentieren und/oder bewerten und sich zu erhaltenen Reaktionen positionieren.
- Die Schüler*innen nutzen ein Padlet zur Kooperation und Kollaboration um gemeinsam an Aufgaben zu arbeiten, Projekte oder Präsentationen zu konzipieren oder für die Kommunikation miteinander.

Sicherung
- Die Lehrkraft und/oder die Schüler*innen nutzen ein Padlet zu Sicherung von Ergebnissen. Diese sind weiterhin verfügbar und können zur Vorbereitung auf Prüfungen herangezogen werden

Verwendungshinweise

Den Zugang (als reiner Lesezugang oder mit einer Freigabe zur Bearbeitung) können Sie via Link ermöglichen. Padlet bietet zudem die Möglichkeit, direkt einen QR-Code (siehe Kapitel 2.2, S. 14) zu generieren. Darüber hinaus lassen sich einzelne Padlets als öffentlich, als geheim, mit einem Passwortschutz oder als privat festlegen.

Vorbereitung

Anlegen eines Nutzerkontos; bei Bedarf die App installieren (Nutzung aber auch rein im Browser möglich)

Beschreibung

Auf einem Padlet können Sie verschiedene interaktive Elemente (Text, Bilder, Videos, Links, Dateianhänge, etc.) einbinden und anordnen. Dafür stehen Ihnen verschiedene Varianten zur Verfügung. Diese können Sie bei der Erstellung eines neuen Padlets direkt auswählen. Es gibt jeweils eine Vorschaufunktion:

- Wand: Die einzelnen Elemente werden nebeneinander angeordnet und können via Drag-and-Drop in ihrer Reihenfolge angepasst werden.
- Leinwand: Die einzelnen Elemente können frei angeordnet werden. Außerdem können sie mit Pfeilen verbunden werden, sodass sie an eine Mindmap oder ein Organigramm erinnern.
- Stream: Wie bei einem Liveticker oder in verschiedenen sozialen Netzwerken sind alle Elemente untereinander angeordnet und werden vertikal durch Scrollen gelesen.
- Raster: Elemente werden untereinander in Reihen mit gleicher Höhe angeordnet – vergleichbar mit einer Tabelle mit jeweils neuen Zeilen.
- Regal: Wie bei der Darstellung „Stream" (siehe oben) werden Elemente untereinander angeordnet und können in verschiedenen Stapeln nebeneinander jeweils vertikal gelesen werden.
- Backchannel: Hier erinnert die Anordnung der einzelnen Elemente an einen Chatverlauf in einem Messenger.
- Map: Wie auf einer Karte können Elemente positioniert werden.
- Timeline: Elemente werden auf einem Strahl angeordnet, um etwa Reihenfolgen anzuzeigen.

Jedes Padlet kann individualisiert werden. Neben einem Titel und einer (kurzen) Beschreibung können Sie beispielsweise auch der Hintergrund der digitalen Pinnwand anpassen oder auch Farbschemata und Schriftarten einstellen. Außerdem gibt es einige Funktionen zur Kontrolle: Sie können Beiträge moderieren, also vor der Veröffentlichung freigegeben oder einen Wortfilter aktivieren. Sie können einstellen, ob neue Elemente auch von anderen Personen hinzugefügt werden können. Es gibt zudem eine Kommentarfunktion und Bewertungsmöglichkeiten für einzelne Beiträge, sodass sich Schüler*innen untereinander Feedback geben und darauf reagieren können.
Sein volles Potential entfaltet Padlet sicherlich, wenn es parallel zum Unter-

richtsgeschehen „mitwächst“ und von allen Beteiligten stetig weiterbearbeitet und aktualisiert wird. So ist es möglich, die Struktur eines Unterrichtsvorhabens abzubilden, das wiederum in verschiedene Unterrichtssequenzen eingeteilt ist. Inhalte könnten somit (sinnvoll) miteinander verbunden werden. Zu jedem (Teil-)Thema lassen sich passende Materialien in Text-, Bild- oder Videoform hinterlegen und mit entsprechenden Links ergänzen. So können alle Beteiligten jederzeit mit der App bzw. dem Webtool auf das Padlet zugreifen. So werden auch die verschiedenen Lernertypen berücksichtigt, da multimediale Inhalte unterschiedliche Zugänge ermöglichen.

TIPPS

- Thematisieren Sie mit Ihren Schüler*innen das Thema „Urheberrecht“. Wenn Sie oder Ihre Schüler*innen Elemente mit Inhalten anderer Webseiten oder sonstiger fremder Quellen ergänzen, dann sollten Sie und die Schüler*innen unbedingt geltende Vorgaben berücksichtigen und beispielsweise Quellenangaben mit Links vornehmen.
- Wenn Sie ein Padlet nicht mehr benötigen, es aber auch (noch) nicht löschen möchten, können Sie es in ein Archiv verschieben. In der kostenfreien Version zählt es dadurch nicht mehr zu den genutzten und in Bezug auf die Anzahl limitierten Padlets. Erst wenn es wieder reaktiviert werden soll, zählt es dazu.

ÄHNLICHE TOOLS

TaskCards

3.9 Multimediale Bücher erstellen mit Book Creator

Art

App oder Webtool

Kosten/Varianten

- Kostenlos: Book Creator One (beschränkt auf ein Buch; in der Version als App nur für Apple verfügbar)
- Kostenlos: Book Creator in einer Version für Schulen (nur als Webtool möglich; geräte- und plattformunabhängig)
- Kostenpflichtig: Book Creator for iPad als App (ohne Einschränkungen; in der Version als App nur für Apple-Geräte verfügbar

Registrierung notwendig?

Nein

Benötigte Technik/Materialien

Tablet oder Computer (ein Gerät pro Schüler*in)

Internetverbindung notwendig?

Grundsätzlich nicht; nur für einzelne Funktionen

Einsatzmöglichkeiten

Multimediale, digitale Bücher erstellen – Mit Book Creator lassen sich ohne Vorkenntnisse digitale Bücher erstellen. Der Funktionsumfang ist zwar gegenüber Textverarbeitungsprogrammen bzw. Profi-Softwares eingeschränkt, dürfte jedoch für den Einsatz im Schulunterricht ausreichen. Folgende Funktionen gibt es:

- Verschiedene Farben und Hintergründe für die Buchseiten festlegen
- Fotos aus dem Gerätespeicher einbinden oder bei vorhandener Kamera direkt aufnehmen
- Ein Stift-Werkzeug – auch hier ist die Verwendung eines Stylus zu empfehlen, alternativ kann ein Finger benutzt werden
- Textfelder, inkl. der bekannten Emoticons, einfügen
- Sound vom Gerät importieren oder direkt aufnehmen
- Vorgefertigte geometrische Formen
- Dateien (z.B. eine PDF-Datei) hochladen

- Eine Karte einbinden – Book Creator greift auf Google Maps zurück; eine Internetverbindung ist nötig

Verwendungshinweise

- Sie sollten wissen: Book Creator ist als App für Tablets nur für iOS, nicht für Android verfügbar.
- In der Regel wird Book Creator als App auf einem Tablet eingesetzt. Alternativ bietet der Browser Chrome (von Google), Safari (von Apple) oder Edge (von Microsoft Windows) einen Zugang via Computer.

Vorbereitung

Installation (und gegebenenfalls Kauf) der App auf den Endgeräten

Beschreibung

Mit Book Creator können die Schüler*innen jede Form der Präsentation als digitales, multimediales Buch gestalten. Auch der Einsatz als Portfolio ist möglich oder um ein Projekt, das aus einzelnen Teilen besteht, arbeitsteilig zu erarbeiten und anschließend zusammenzufassen (siehe unten). Wenn die Version als Webtool genutzt wird, ist eine dauerhafte Internetverbindung nötig. Als App kann Book Creator auch offline benutzt werden, solange keine Materialien aus dem Internet benötigt werden.

In Book Creator befüllen Sie ein Projekt Seite für Seite mit den Inhalten, aus denen das digitale Buch bestehen soll. Alle Inhalte, die Sie auf einer Buchseite hinzugefügt haben, können anschließend durch Schieberegler in der Größe angepasst werden und lassen sich durch Ziehen mit dem Finger frei auf den Seiten anordnen. Sie können Inhalte auf verschiedenen Ebenen hinterlegen, sodass Sie beispielsweise ein Textfeld vor ein Bild legen können. Wenn Sie das Buch fertig gestaltet haben, können Sie das sich in der Vorschau anzeigen lassen und wie bei einem gedruckten Buch die einzelnen Seiten durch Wischen umblättern. Zusätzlich gibt es in diesem Modus die Funktion „Vorlesen". Dabei liest eine Computerstimme Textfelder vor. Diese können Sie modifizieren: Es stehen verschiedene Sprachen zur Auswahl und auch das Sprachtempo kann angepasst werden kann, sodass es im Fremdsprachenunterricht eingesetzt werden kann. Wenn Sie Sound im Buch eingesetzt haben (etwa eine Sprachaufnahme), wird ein entsprechender Button angezeigt, den Sie antippen können. Dann wird die hinterlegte Audiodatei abgespielt. Fertige Bücher können im digitalen Format als ePub gespeichert, zu einer Webseite umgewandelt oder auch in analoger Form ausgedruckt werden. So lassen sich schnell und unkompliziert multimediale, digitale Schulbücher erstellen, die in allen Fächern eingesetzt werden können, z.B.

- Naturwissenschaften: Beschreibung und Dokumentation von Versuchen, Anleitungen für einen Versuchsaufbau
- Fremdsprachen: Reiseführer, etwas aus der Lebenswelt präsentieren, Grammatik und Wortschatzsammlung, Storytelling
- Deutsch: Rezeptsammlung zur Vorgangsbeschreibung, Sammlung von Geschichten
- Sport: Erklärungen für Übungen oder Stationen
- Sonstige: Portfolioarbeit, Anleitungen, Aufgabenstellungen, Erklärungen zu Stationen bei einem Stationenlernen

TIPPS

- Einzelne Bücher oder Teile davon lassen sich zu einem Gesamtwerk zusammenführen. So kann eine Lerngruppe arbeitsteilig ihre Ergebnisse zur Verfügung stellen, um diese schlussendlich zu einem digitalen Medienprodukt zu verbinden.
- Wünschen Sie oder Ihre Schüler*innen sich eine gewisse Einheitlichkeit bei den Ergebnissen, dann kann es sich lohnen, eine Vorlage zu erstellen oder das Layout gemeinsam abzusprechen.
- Wenn Sie mit einer Klasse oder einem Kurs ein Buch erstellen, das besonders gut gelungen ist, können Sie dies auch in einer darauffolgenden Lerngruppe im Rahmen einer Erarbeitung o.Ä. einsetzen. Dies kann nochmal einen Motivationsschub geben bei den Schüler*innen, die es erstellt haben, sowie für die Schüler*innen, die damit arbeiten.

ÄHNLICHE TOOLS

Pages (iPad oder Macbook), Microsoft® Word (Computer)

3.10 Internetvideos didaktisch aufbereiten mit Edpuzzle

Art

Webtool

Kosten/Varianten

- Kostenlos (begrenzte Anzahl möglicher Videos)
- Kostenpflichtig (mehr Videos im monatlichen Abo-Modell)

Registrierung notwendig?

- Lehrkraft: Ja, zur Erstellung
- Schüler*innen: Nein, zur reinen Benutzung

Benötigte Technik/Materialien

Tablet oder Computer (bei Bedarf mit eingebautem oder externem Mikrofon; ein Gerät für die Lehrkraft)

Internetverbindung notwendig?

Ja

Einsatzmöglichkeiten

Im Internet vorhandene Videos für den eigenen Unterricht aufbereiten mit verschiedenen Online-Funktionen – Edpuzzle ist ein englischsprachiges Webtool, mit dem Sie ein Video, das bereits im Internet vorhanden ist, für den Einsatz im Unterricht anpassen können.
Das Lernen anhand von Videos im Internet hat in den letzten Jahren enorm zugenommen. Es gibt auf den großen Videoportalen wie YouTube etliche Videos, die zu Bildungszwecken dort eingestellt worden sind. Vielleicht kennen Sie folgende Situation, wenn Sie bereits mit Internetvideos im Unterricht, als Hausaufgabe oder im Unterrichtsmodell **Flipped Classroom** arbeiten: Sie suchen nach einem Video zum aktuellen Thema oder als Einstiegsimpuls. Aus der Vielfalt der Videos haben sie ein oder mehrere geeignete Videos herausgesucht, doch Sie sind noch nicht so richtig zufrieden. Manche Videos sind schlicht zu lang, gehen inhaltlich über den anvisierten Schwerpunkt hinaus oder beinhalten weiterführende Informationen, die zum gegenwärtigen Zeitpunkt noch nicht relevant

sind oder haben andere Einschränkungen, sodass das Video nicht unmittelbar zur Lerngruppe bzw. zu Ihrem Unterricht passt. Mit Edpuzzle können Sie diese Probleme umgehen, indem Sie das vorhandene Video didaktisch aufbereiten, ehe Sie es Ihren Schüler*innen zeigen.

Verwendungshinweise

Die Bearbeitung mit verschiedenen Funktionen ist intuitiv und geschieht auf der Plattform des Anbieters, sodass Sie keine Software installieren müssen. Edpuzzle greift auf verschiedene Datenbanken zurück – beispielsweise YouTube, Khan Academy oder National Geographic.
Sie können virtuelle Klassen anlegen und Analysen einsehen, wenn sich Ihre Schüler*innen dort eintragen. Pro Klasse können Sie zwischen einer offenen und einer geschlossenen Varianten wählen. In beiden Fällen laden Sie Ihre Schüler*innen via Link oder einem generierten Code ein. Bei der geschlossenen Klasse müssen sich die Schüler*innen auch bei Edpuzzle anmelden, während für die offene Klasse der Link bzw. der Code ausreicht, um sich einzutragen.

Vorbereitung

Registrierung beim Anbieter und eventuell geeignete Videos suchen

Beschreibung

Solche sogenannten Erklärvideos lassen sich zu allerlei Themen für nahezu alle Fächer finden und verbinden häufig mündliche Erklärungen mit Bild- und/oder Videomaterial oder anderen multimedialen Inhalten. Sie lassen sich auch leicht selbst erstellen (siehe Kapitel 3.11, S. 61: Mysimpleshow und Kapitel 3.12, S. 64: Adobe Spark Video) und theoretisch ebenfalls auf den Videoportalen veröffentlichen und so mit anderen teilen. Auch Dokumentationen oder anderes Videomaterial finden sich auf den Videoportalen, die sich für den Unterricht einsetzen lassen.
Alle Videos, die auf den mit Edpuzzle verbundenen Datenbanken (beispielsweise YouTube, Khan Academy oder National Geographic) vorhanden sind, können Sie zur Weiterbearbeitung im Tool benutzen. Dafür können Sie via Edpuzzle direkt auf den Seiten der Anbieter suchen oder Sie fügen den Link eines konkreten Videos in das entsprechende Feld ein.

Mit Edpuzzle können Sie Videos mit folgenden Möglichkeiten bearbeiten:

- Schneiden: Sie können über zwei Schieberegler den Anfang und das Ende des Videos ändern, indem Sie diese an die entsprechenden Stellen ziehen. Auch innerhalb des Videos lassen sich (auch mehrere) Passagen herausnehmen.
- Audiokommentar: Wenn Sie möchten, können Sie die vorhandene Tonspur durch einen eigenen Audiobeitrag ersetzen, den Sie einsprechen. So können Sie etwa eigene Erklärungen geben oder eine fremdsprachliche Erklärung durch eine eigene ersetzen.
- Notiz: Sie können eine oder mehrere Notizen in Textform oder als gezielter Audiokommentar an ausgesuchten Stellen einbinden. Hierdurch lassen sich Hinweise oder Ergänzungen geben oder inhaltliche Fehler korrigieren, wenn Sie solche im Video bemerken. Die Schüler*innen müssen diese Notiz dann bestätigen, ehe sie das Video weiterschauen können.
- Fragen: Auch lassen sich zwei verschiedene Fragetypen gezielt an gewünschten Stellen einbinden: Multiple-Choice-Fragen oder offene Fragen. Bei den Multiple-Choice-Fragen können Sie verschiedene Antwortoptionen vorbereiten, die richtige Antwort(en) markieren sowie Feedback (z. B. ein Lob) für jede Antwort hinterlegen, das nach der Auswahl durch die Schüler*innen angezeigt wird. Bei der offenen Frage können Sie eine passende Frage eingeben oder einen Impuls erstellen, sodass die Schüler*innen hierauf per Text Bezug nehmen können. Die Antworten können Sie später einsehen.
- Außerdem können Sie dem Video eigenen Titel geben, alle erstellen Videos in Ordnern (z. B. benannt nach einer Lerngruppe oder nach einem Thema) sammeln oder sortieren oder weitere Einstellungen für jedes Video vornehmen: So lassen sich etwa Vorspulen verhindern oder die Sichtbarkeit des Videos auf Edpuzzle (öffentlich oder privat) reglementieren. Den Link des fertigen Videos teilen Sie mit Ihren Schüler*innen oder Sie ordnen ein oder mehrere Videos einer zuvor angelegten Klasse (siehe oben) zu, sodass es für die Schüler*innen sichtbar wird.

TIPP Teilen Sie den Link des Videos am einfachsten, indem Sie daraus einen QR-Code generieren und diesen beispielsweise auf einem Arbeitsblatt ergänzen (siehe Kapitel 2.2, S. 14).

ÄHNLICHE TOOLS H5P

3.11 Erklärvideos erstellen mit Mysimpleshow

Art

Webtool

Kosten/Varianten

- Kostenlos: leicht eingeschränkter Funktionsumfang
- Kostenlos: Bildungsversion (umfangreichere Funktionen)
- Kostenpflichtig: maximale Funktionen; laut Webseite für Unternehmen konzipiert

Registrierung notwendig?

- Lehrkraft: Ja, zur Erstellung
- Schüler*innen: Nein, zur reinen Benutzung

Benötigte Technik/Materialien

Tablet, Smartphone oder Computer (ein Gerät pro Schüler*in)

Internetverbindung notwendig?

Ja

Einsatzmöglichkeiten

Mithilfe von Vorlagen Lern- und Erklärvideos erstellen – Erklärvideos haben, nicht erst seit dem Distanzlernen während der Corona-Pandemie, an Bedeutung gewonnen und werden vermehrt im schulischen Kontext eingesetzt. Studien zufolge sind diese bei Schüler*innen beliebt, um sich Inhalte anzueignen oder zu wiederholen. Lehrkräfte benutzen diese zunehmend als Impulse, als weiterführende oder unterstützende Angebote im Unterricht oder für das Lernen zu Hause. Dabei greifen sie auf vorhandene Videos zurück, die sie bei Bedarf noch didaktisch aufbereiten (siehe Kapitel 3.10, S. 59) oder sie erstellen diese selbst – mit dem Vorteil, dass sie dann auf die jeweilige Lerngruppe individuell angepasst werden können. Hierbei kann Mysimpleshow das digitale Werkzeug der Wahl sein, da Sie damit entsprechende Videos schnell und unkompliziert erstellen können.

Verwendungshinweise

Wie Canva (siehe Kapitel 3.6, S. 46) bietet auch Mysimpleshow einen Zugang für Lehrkräfte, durch den diese von einem erweiterten Zugang profitieren. Auf der Webseite können Sie Beispiele ansehen und einen Eindruck bekommen, was mit Mysimpleshow möglich ist.

Vorbereitung

Registrierung beim Anbieter

Beschreibung

Mit dem kostenlosen Zugang sind die Funktionen und Möglichkeiten der Individualisierung begrenzt und auch ein Download des fertigen Videos ist nicht möglich. Registrieren Sie sich kostenlos als Lehrkraft, dann können Sie auf erweiterte Funktionen (z. B. automatisierte Sprecher*innen in Deutsch und Englisch) zurückgreifen und auch das Video herunterladen. Mysimpleshow ist so konzipiert, dass Sie dank eines strukturierten Ablaufs ohne tiefgreifende Kenntnisse der Videogestaltung ansehnliche Ergebnisse erzielen können. Es gibt Vorlagen (sogenannte Skripte), die Sie editieren können und die von einem Algorithmus im Hintergrund entsprechend umgesetzt werden. Anhand von Beispielen geben Sie für verschiedene Szenen die Texte ein, die die Grundlage für die Inhalte des Erklärvideos bilden. Auch eine Datenbank mit Illustrationen, die das geschriebene bzw. gesprochene Wort visuell unterstützen, steht zur Verfügung. Fortschritte sowie Zwischenergebnisse können Sie jederzeit dank Vorschau-Funktion überprüfen. Zudem können Sie zwischen verschiedenen automatisierten Sprecher*innen (auch die eigene Stimme ist möglich) und Hintergrundmusik auswählen und auch die Animation von Händen, die Grafiken in dem Video ein- oder hin- und herschieben, ist möglich. Wenn Ihr Video fertig ist, kann es heruntergeladen oder im Login-Bereich benutzt werden.

TIPPS

- Wie auch Grafiken (siehe Kapitel 3.6, S. 46, Canva) können auch Videos von Schüler*innen selbst erstellt werden, sodass das Konzept des **Lernens durch Lehren** umgesetzt wird.
- Mit dem Zugang für Lehrkräfte kann man bis zu 50 Schüler*innen beteiligen, sodass auch kooperative Formate denkbar sind.

ÄHNLICHE TOOLS

Adobe Spark Video (siehe Kapitel 3.12, S. 63), Explain Everything

3.12 Erklärvideos und digitales Storytelling mit Adobe Spark Video

Art

App oder Webtool

Kosten/Varianten

- Kostenlos: leicht eingeschränkter Funktionsumfang und Wasserzeichen des Anbieters im finalen Medienprodukt
- Kostenlos: Bildungsversion mit umfangreicheren Funktionen
- Kostenpflichtig: maximale Funktionen; laut Webseite für Unternehmen konzipiert

Registrierung notwendig?

Ja

Benötigte Technik/Materialien

Tablet, Smartphone oder Computer (ein Gerät pro Schüler*in)

Internetverbindung notwendig?

Grundsätzlich nicht; nur für den Login sowie für einzelne Funktionen

Einsatzmöglichkeiten

Videos auf Grundlage von einzelnen Folien erstellen – Mit Storytelling können themen- und fächerübergreifend alle denkbaren Präsentationen multimedial gestaltet und anschließend als fertige Datei gespeichert werden. Auch lassen sich Erklärvideos mit Adobe Spark Video drehen, sodass die Schüler*innen sich mit einem Thema intensiv auseinandersetzen und ihre Ergebnisse für die Lerngruppe in dieser Form aufbereiten.

Verwendungshinweise

Bei der Verwendung von fremdem Bildmaterial sollten Sie und die Schüler*innen die gängigen Vorgaben des Urheberrechts berücksichtigen.

Vorbereitung

Registrierung und Installation auf den Endgeräten

Beschreibung

Um Adobe Spark Video, zugegebenermaßen etwas vereinfacht, zu beschreiben, könnte man sagen: Es ist wie eine Kombination aus einer Microsoft® PowerPoint-Präsentation mit einem Audioaufnahme-Programm.
In der Tat erinnert der Aufbau stark an gängige Präsentationssoftware, bei der einzelne Folien hintereinander geschaltet werden. Ein großer Unterschied besteht in der Möglichkeit unmittelbarer Audioaufzeichnungen mithilfe eines Mikrofons, das z. B. in einem Smartphone oder Tablet verbaut ist. Die einzelnen Folien lassen sich mit einer vorgefertigten Vorlage oder individuell mit Text, Abbildungen Musik, Cliparts bzw. Symbolen oder Videos gestalten und anschließend mit gesprochenem Text unterlegen. Wenn Sie den entsprechenden Button mit dem Mikrofon am unteren Rand einer jeweiligen Folie gedrückt halten, aktivieren Sie die Aufnahme und können pro Folie etwas einsprechen. Praktisch ist die Funktion, dass Sie – sollten Sie mit einer Aufnahme einer Folie nicht zufrieden sein – erneut eine Audioaufnahme starten können und so die vorherige überschreiben.
Die Anzeigedauer einer jeden Folie richtet sich nach der Dauer der ggf. hinterlegten Sprachaufnahme. Wie bei einer Präsentation können somit Stichpunkte ausführlich(er) erklärt oder weiterführende Hinweise gegeben werden. Nach Beendigung der letzten Folie kann das Ergebnis zu einer Videodatei zusammengefasst und abgespeichert werden.

TIPPS

- Bei einer Gruppenarbeit kann es sein, dass nicht alle Gruppen ihr Ergebnis im Unterricht präsentieren können oder dass bei Gruppen, die zu einem identischen Thema arbeiten, nur eine Gruppe stellvertretend vorstellt. Um auch die anderen Resultate zu würdigen und ggf. zu bewerten, können fertige Medienprodukte genutzt werden. Auch bei schüchternen oder ängstlichen Schüler*innen, die eventuell nicht vor der Lerngruppe vortragen möchten, kann ein fertiges Video eine Alternative sein.
- Adobe bietet für die Spark-Produkte für Bildungseinrichtungen kostenlose Zugänge an.

ÄHNLICHE TOOLS

Microsoft® PowerPoint mit einer Audioaufnahme kombinieren oder eine Bildschirmaufnahme nachträglich vertonen